Bibliografische Information der Deutschen Nationalbibliothek:

Die Deutsche Bibliothek verzeichnet diese Publikation in der Deutschen National-
bibliografie; detaillierte bibliografische Daten sind im Internet über http://dnb.d-
nb.de/ abrufbar.

Impressum:

Copyright © 2016 GRIN Verlag, Open Publishing GmbH
Druck und Bindung: Books on Demand GmbH, Norderstedt Germany
ISBN: 9783668201354

Dieses Buch bei GRIN:

http://www.grin.com/de/e-book/320095/blockchain-technologien-innovationen-
und-anwendungen

Tobias Zepf

Blockchain. Technologien, Innovationen und Anwendungen

Was verbirgt sich hinter der Blockchain-Technologie und was sind ihre Implikationen für die Effizienz und den Aufbau der Gesellschaft?

GRIN Verlag

Tobias Zepf

Blockchain: Technologien, Innovationen und Anwendungen – Oder: Eine Kette, die Ketten sprengt

Was verbirgt sich hinter der Blockchain-Technologie und was sind ihre Implikationen für die Effizienz und den Aufbau der Gesellschaft?

Eingereicht durch:

Tobias Zepf
Bachelor of Science in „Management,
Philosophy & Economics"
Frankfurt School of Finance & Management

Frankfurt, Februar 2016

INHALTSVERZEICHNIS

ABBILDUNGSVERZEICHNIS

1 EINFÜHRUNG

Milton Friedman wurde 1999 einmal in einem Fernsehinterview nach seiner Einschätzung zu den Möglichkeiten des Internets gefragt, worauf dieser antwortete: „The one thing that's missing but that will soon be developed is a reliable e-cash. A method whereby on the Internet you can transfer funds from A to B without A knowing B or B knowing A. The way in which I can take a twenty-dollar bill and hand it over to you and there's no record of where it came from. And you may get that without knowing who I am. That kind of thing will develop on the Internet [...]."[1] Inzwischen ist seine Vision mit der virtuellen Kryptowährung Bitcoin längst Realität geworden. Sie ist in aller Munde und höchst kontrovers. Die dahinterstehende Technologie mit Namen „Blockchain" kennt man dagegen bisher hauptsächlich in Finanzkreisen. Dabei besitzt sie erstaunliches Innovationspotenzial in den unterschiedlichsten Anwendungsfeldern, von denen virtuelle Währungen nur eines von vielen darstellt. Nach einer anwendungsorientierten Erklärung der Blockchain-Technologie will diese Arbeit daher untersuchen, welche Gesellschaftsbereiche am meisten durch eine Blockchain bereits verändert werden oder in Zukunft noch beeinflusst werden könnten.

Der Leser möge bitte beachten, dass aufgrund der raschen Entwicklung dieser Technologie die Aktualität der Informationen in der vorliegenden Arbeit nur zum Zeitpunkt der Fertigstellung (Februar 2016) gewährleistet werden kann und einzelne Aspekte zu späteren Zeitpunkten veraltet oder nur noch unvollständig gültig sein könnten.

2 BLOCKCHAIN ALLGEMEIN

Im Folgenden soll allgemein beschrieben werden, was man unter einer Blockchain versteht.

2.1 KONZEPT

2.1.1 BLOCKCHAIN, PROTOKOLL UND WÄHRUNG

Eine Blockchain ist im Grunde eine kryptographisch geschützte, globale und irreversible peer-to-peer-verteilte Datenbank, in der atomare Veränderungen des Systemzustands blockweise in einer immer länger werdenden Kette gespeichert werden. Diese Systemupdates werden in vielen Anwendungen, jedoch nicht notwendigerweise bei allen, in Form von Transaktionen verbucht, weswegen die Blockchain auch den Namen „Ledger" (Transaktionsbuch) trägt. Solche Transaktionen werden dann wie schon bei Bitcoin, der ersten Blockchain-Anwendung, mit den Einheiten von sog. Kryptowährungen, d.h. kryptographisch geschützten Verrechnungseinheiten, beziffert.[2] Auch wenn Kryptowährungen nicht zwangsläufig zum Blockchain-Konzept dazugehören, ist dies doch Standard in den allermeisten Anwendungen und wird daher hier zur Vereinfachung so angenommen. Eine solche Ausnahme ohne Kryptowährung ist beispielsweise Hyperledger[3].

---

[1] National Taxpayers Union, „Milton Friedman Full Interview on Anti-Trust and Tech".
[2] Vgl. zu diesem Absatz Bitfury Group, „Public versus Private Blockchains, Part 1", S. 6.
[3] https://www.hyperledger.org

Weiterhin besteht die Datenbank aus einer Verkettung von „Blöcken", die die Datenbank in regelmäßigen Abständen – bei Bitcoin rund alle 10 Minuten – um die jeweils neuesten Transaktionen blockweise erweitern. Die Blockchain speichert somit die gesamte Historie der Transaktionen in chronologischer Reihenfolge. Folglich ist der aktuelle Systemzustand bzw. sind die einzelnen Kontostände nicht direkt ablesbar, sondern müssen durch die Transaktionshistorie rekonstruiert werden. Technologisch gesehen bildet die Blockchain die unterste und fundamentale von insgesamt drei Schichten (siehe Abbildung 1). Das Protokoll liegt dabei auf der mittleren Ebene, direkt über der Blockchain, und legt das gesamte Regelsystem, wie Transaktionen auf der Blockchain ablaufen, sowie die Programmiersprache fest.[4] Darüber liegt die Kryptowährung, die mittels der Software bzw. des Protokolls auf der Blockchain zirkuliert. In der Regel verwendet jede Währung ein gleichnamiges Protokoll, kann jedoch auch auf einer eigenen Blockchain oder einer fremden, d.h. zusammen mit einer anderen Währung, funktionieren.[5]

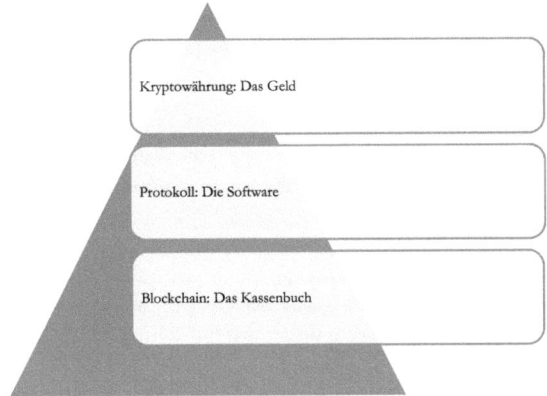

Kryptowährung: Das Geld

Protokoll: Die Software

Blockchain: Das Kassenbuch

Abbildung 1: Schichtenmodell der Blockchain-Technologie (Quelle: in Anlehnung an Swan, Blockchain: Blueprint for a New Economy, S. 1)

2.1.2 DIE PEER-TO-PEER-NETZARCHITEKTUR

Eine wichtige Eigenschaft der Blockchain ist außerdem, dass sie weder *zentral* noch *einfach* gespeichert wird, sondern *dezentral* und *vollständig redundant* auf einem Peer-to-Peer-Netzwerk (P2P) vorhanden ist (siehe Abbildung 2). Davon ist auch ihre Bezeichnung als „Distributed Ledger" abgeleitet. Hierbei verfügt jeder Knoten, d.h. Teilnehmer im P2P-Netz, über die gesamte Kette von Blöcken und gleichzeitig über dieselben Rechte, neue Blöcke zu erzeugen.[6]

---

[4] Vgl. zu diesem Absatz Swan, *Blockchain: Blueprint for a New Economy*, S. 1.
[5] Vgl. zu diesem Absatz ebd., S. 2.
[6] Vgl. Roßbach, „Blockchain-Technologien und ihre Implikationen, Teil 1", S. 3.

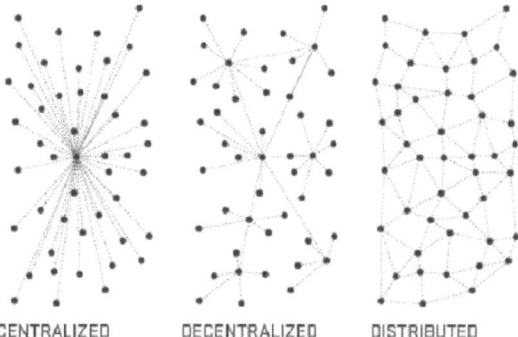

CENTRALIZED   DECENTRALIZED   DISTRIBUTED

Abbildung 2: Darstellung unterschiedlicher Netzstrukturen (Quelle: Swanson, „Consensus-as-a-service", S. 1)

Neue Transaktionen erreichen hingegen nicht unbedingt alle Knoten sofort. Dies ist allerdings unproblematisch, solange zumindest ein Großteil der Knoten diese erhält. Auch auf dem Weg verlorene Informationen, z.b. ganze Blöcke, können vom Knoten beim Erhalt des nächsten Blocks rückwirkend angefragt werden.[7]

Ein Vorteil eines solchen verteilten Ansatzes ist, dass es keinen Single Point of Failure gibt, den es zu verwalten und kontrollieren gilt und mit dem stets gewisse Risiken einhergehen. Weiterhin ist die Datenbank durch die Redundanz vor einseitiger Manipulation und technischem Ausfall geschützt.[8]

2.1.3 DAS PROBLEM DES DOUBLE-SPENDING

Alles Digitale lässt sich sehr leicht vervielfältigen, wobei die Kopie sich in nichts vom Original unterscheidet. Bei den meisten digitalen Gütern ist dies ein großer Vorteil. Jedoch kann es bei digitalen Währungen zu Problemen kommen, wenn nicht verhindert wird, dass Einheiten der Währung beliebig kopiert und ausgegeben werden können, was die Währung wertlos machen würde. Man spricht hier vom „Double-Spending-Problem". Wie bei klassischem Papiergeld wachte auch bei digitalem Geld bisher stets eine zentrale Instanz darüber, dass eine Einheit nur transferieren kann, wer diese auch wirklich besitzt und im Zuge dessen von seinem Konto wieder streicht.[9] Da es solche Intermediäre beim dezentralen System der Blockchain nicht gibt es, wird die Integrität der Transaktionen auf andere Weise gewährleistet.

2.1.4 DER DISTRIBUTED CONSENSUS

Hierfür sorgt der sog. „Distributed Consensus". Er ist ein bestimmter Konsens zwischen den anonymen und sich einander nicht vertrauenden Knoten im P2P-Netz über die Validität von Transaktionen in Bezug auf ihre zeitliche Reihenfolge. Im Fall von konfligierenden Transaktionen stimmen alle überein, dass allein diejenige Transaktion als valide gilt, welche zuerst die entsprechende Einheit bewegt hat. Dies gilt auch, wenn die Teilnehmer selbst zum Zeitpunkt der Transaktion noch nicht im Netz anwesend waren.[10] Sollte sich die Kette zudem an einem Punkt gabeln (siehe auch Absatz 2.2.1), wird de facto per Konsens

---

[7] Vgl zu diesem Absatz Nakamoto, „Bitcoin", S. 4.
[8] Vgl. Roßbach, „Blockchain-Technologien und ihre Implikationen, Teil 1", S. 4.
[9] Vgl. zu diesem Absatz König, *A Beginner's Guide to Bitcoin and Austrian Economics*, S. 109f.
[10] Vgl. zu diesem Absatz Poelstra, „On Stake and Consensus", S. 2.

entschieden, welcher Zweig weiter bearbeitet wird; hierbei muss mindestens 51%ige Zustimmung herrschen.

Darüber hinaus müssen für valide Transaktionen folgende Eigenschaften gelten:[11]

- **Konformität:** Z.B. wenn jemand lediglich 100 BTC besitzt, kann er keine 1000 BTC versenden.
- **Autorisierung:** Es ist klar geregelt, wer zu Transaktionen berechtigt ist und wie diese Person sich dazu im System legitimiert.
- **Unveränderbarkeit:** Sobald eine Transaktion in die Blockchain integriert wurde, können keine ihrer Parameter mehr modifiziert werden.
- **Finalität:** Transaktionen sind irreversibel, d.h. können nicht gelöscht und damit nicht rückgängig gemacht werden.
- **Zensur-Resistenz:** Wenn eine Transaktion mit dem Protokoll übereinstimmt, muss sie in die Kette eingefügt werden, ohne dass dies aus anderen Gründen unterbunden werden könnte. Zu beachten ist hier jedoch, dass dieses Kriterium von Bitcoin und anderen Ansätzen theoretisch nicht erfüllt wird. Die zur Erzeugung eines Blocks berechtigten Knoten (bei Proof of Work und Proof of Stake, siehe auch Abschnitt 2.2) sowie die Überprüfer können selbständig erwägen, ob sie Transaktionen bewilligen oder nicht, ohne dass das Protokoll sie zur Einhaltung dieses Kriteriums zwingen würde. In der Praxis dürfte dieses Manko aber eine weniger große Rolle spielen, da eine etwaige Zensur von der Mehrheit der Teilnehmer bezweckt sein müsste.

Diese Eigenschaften werden mittels des Konsensus-Mechanismus (siehe Abschnitt 2.2) durch die Netzwerkteilnehmer verifiziert.

2.1.5 KRYPTOGRAPHIE, SICHERHEIT UND ANONYMITÄT

Die Autorisierung bei Transaktionen erfolgt durch kryptographische Methoden, was auch den Namen der „Kryptowährung" erklärt. So erhält jeder Nutzer des Systems einen privaten sowie einen öffentlichen Schlüssel, wobei es praktisch kaum möglich ist, den einen aus dem anderen zu berechnen. Der öffentliche Schlüssel ist von jedem einsehbar (für Ausnahmen siehe Abschnitt 2.3) und dient als digitale Identifikation, entspricht also einer Art Kontonummer, die vom Sender der Transaktion angegeben werden muss. Um eine Transaktion durch den rechtmäßigen Eigentümer des Vermögens zu signieren, bedarf es dessen privaten Schlüssels, mit dem der Eigentümer diskret umgehen sollte. Um eine Signatur validieren zu können, genügt jedoch allein der öffentliche Schlüssel. Die Verwendung von digitalen Signaturen bei allen Transaktionen kann zudem eine schadhafte systeminterne Modifikation verhindern.[12] Da die öffentlichen Schlüssel nicht aus Klarnamen bestehen, sondern aus einer langen Folge von Zahlen und Buchstaben, kann im P2P-Netz zudem ein hohes Maß an Anonymität bzw. Pseudonymität gewährleistet werden, solange der Nutzer des Schlüssels die Verknüpfung zu seiner Identität nicht anderweitig veröffentlicht.[13]

Die Kryptographie kommt allerdings noch an anderer Stelle zum Einsatz: Um die Datenbank vor rückwirkender Manipulation zu schützen, werden Zahlungen einerseits nicht *sequenziell*, sondern *blockweise*

---

[11] Vgl. hierzu Bitfury Group, „Public versus Private Blockchains, Part 1", S. 6f.
[12] Vgl. zu diesem Abschnitt ebd., S. 7.
[13] Vgl. König, *A Beginner's Guide to Bitcoin and Austrian Economics*, S. 120.

verbucht, und andererseits enthält jeder Block neben allen seit dem letzten Block neuen Transaktionen eine kryptographische Signatur des vorangegangenen Blocks mittels eines Hash-Wertes (siehe Abbildung 2) sowie einen Zeitstempel.

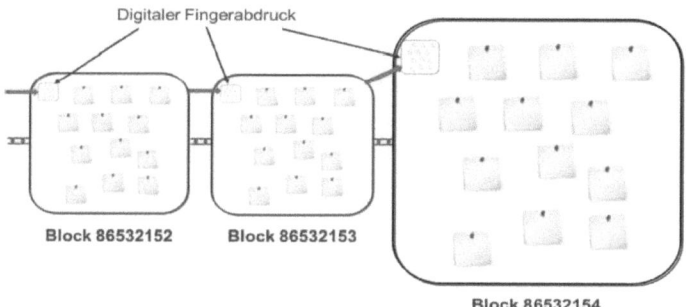

Abbildung 3: Die Blockchain (Quelle: Roßbach, „Blockchain-Technologien und ihre Implikationen, Teil 1", S. 7)

Dadurch hängen die einzelnen Blöcke voneinander ab. Wenn also eine Transaktion aus einem älteren Block versucht werden würde zu verändern, wären dadurch alle neueren Blöcke inkonsistent und müssten ebenso manipuliert werden. Zusätzlich müsste all dies an der absoluten Mehrheit der Knoten passieren und noch vor der nächsten Aktualisierung der Blockchain durch einen neuen Block. Hinzu kommt die vom Consensus Mechanismus abhängige Hürde bei der Blockerzeugung, die z.B. viel Rechenleistung verlangt. Alles in allem ist die Blockchain u.a. durch Kryptographie somit äußerst gut gegen jegliche Manipulation, systemextern und –intern, abgesichert, und dies als system-inhärente Eigenschaft.[14]

2.2 CONSENSUS-MECHANISMEN

Dem Grundsatz automatisch zu entsprechen, dass im Konfliktfall nur die zeitlich zuerst angemeldeten Transaktionen eines Wertes zählen dürfen, ist allerdings in einem P2P-Netzwerk nicht ganz einfach möglich. Dies zum einen, da Transaktionen nicht zum selben Zeitpunkt alle Knoten im Netz erreichen, sondern nach der Verteilungslogik das Netz erst nach und nach durchdringen. Zum anderen könnte dieses Problem auch durch Zeitstempel nicht umgangen werden, da diese leicht manipulierbar wären. In der Blockchain wird dies daher per Konsens zwischen den Teilnehmern gelöst. Dabei wird nicht über einzelne Transaktionen abgestimmt, sondern über die Blöcke, die mehrere Zahlungen beinhalten. Neue Transaktionen müssen also zunächst in einem temporären Speicher warten, bis sie in einen Block eingefügt und per Konsens anschließend zur Datenbank hinzugefügt werden.[15]

Blockchain-Varianten unterscheiden sich im sog. Consensus-Mechanismus oder Hashing-Algorithmus, worunter man die Art und Weise versteht, wie unter den Teilnehmern des Netzwerks entschieden wird, mit welchen Transaktionsblöcken die Blockchain aktualisiert und wie dieser Prozess im Netz organisiert wird. Die wichtigsten Ansätze werden im Folgenden erklärt.

---

[14] Vgl. Roßbach, „Blockchain-Technologien und ihre Implikationen, Teil 1", S. 8f.
[15] Vgl. zu diesem Absatz ebd., S. 7.

2.2.1 PROOF OF WORK (POW) UND MINING

Die ursprüngliche und seit Bitcoin gebräuchlichste Variante ist der Proof-of-Work-Mechanismus, bei dem die Knoten darum konkurrieren, der Datenbank neue Transaktionen hinzufügen zu können. Satoshi Nakamoto beschrieb den Prozess des Proof of Work (PoW) im ursprünglichen Bitcoin Whitepaper wie folgt:[16]

1. Neue Transaktionen werden an alle Knoten geschickt.
2. Jeder Knoten sammelt die neuen Transaktionen in einem Block.
3. Jeder Knoten versucht, die Proof-of-Work-Aufgabe für seinen Block zu lösen, d.h. ein mathematisches Rätsel, dessen Lösung nur per Brute Force gefunden werden kann. Zu diesem Zweck enthält bei dieser Variante jeder Block eine sog. „Nonce", d.h. denjenigen Parameter, der im Rahmen des Proof of Work testweise verändert wird, um schließlich den richtigen Hash-Wertebereich zu erhalten.[17]
4. Sobald ein Knoten die Aufgabe lösen konnte, schickt er seinen Block an alle anderen.
5. Der Block wird von den anderen auf die in Abschnitt 2.1.4 genannten Kriterien überprüft und wird nur akzeptiert, wenn diese erfüllt sind.
6. Die Akzeptanz drücken die Knoten so aus, dass sie die digitale Signatur dieses Blocks (den Hash-Wert) verwenden, um ihn im nächsten Block als den vorangegangenen zu kennzeichnen.

Das Lösen einer komplexen Rechenaufgabe ist zwar selbst sehr rechen- bzw. kostenintensiv, deren Lösung aber im Anschluss einfach von den anderen Knoten zu überprüfen. Im Wettbewerb ist das Gewicht eines einzelnen Knotens im Consensus-Prozess des Proof of Work also direkt proportional zur Rechenleistung des Knotens.[18]

Die Knoten sind wie Rechnungsprüfer, die die Transaktionen verifizieren, und werden bei diesem Mechanismus auch „Miner" genannt. Dies spielt auf den Bergbau – „Mining" – an und rührt daher, dass durch das erfolgreiche Lösen des Rätsels und für die Implementierung eines neuen Blocks neue Einheiten der Kryptowährung geschaffen werden, die dem Gewinner gutgeschrieben werden. Dies dient gleichzeitig als Anreiz für die Miner und kompensiert deren Aufwand und Kosten. Die Belohnung ist außerdem auch ein Anreiz gegen Betrug und Manipulation, falls ein Knoten über eine dem Rest absolut überlegene Rechenleistung verfügen sollte. Er könnte diese nutzen, um Transaktionen zu seinen Gunsten zu verändern, aber durch den damit entstandenen Vertrauensverlust in die Währung auch sein eigenes Vermögen gefährden, oder um regulär an der Erweiterung der Blockchain zu arbeiten und dafür belohnt zu werden. Zur weiteren Absicherung und als positiver Anreiz ist die Belohnung für Miner in vielen PoW-Varianten darüber hinaus für eine bestimmte Anzahl weiterer Blöcke eingefroren, z.B. 100 Block-Bestätigungen im Fall von Bitcoin, d.h. die erarbeiteten Coins können erst danach ausgegeben werden.[19]

Wenn zwei Miner zeitgleich die PoW-Lösung finden und ihren Block im Netz verschicken sollten, so entsteht ein sog. „Fork" in der Kette, also eine Aufspaltung, solange die Blöcke unterschiedliche Versionen bzw. Informationen aufweisen (siehe Abbildung 4).

---

[16] Vgl. hierzu Nakamoto, „Bitcoin", S. 3.
[17] Vgl. Buterin, „Ethereum Whitepaper".
[18] Vgl. Bitfury Group, „Proof of Stake versus Proof of Work", S. 2.
[19] Vgl. zu diesem Absatz Nakamoto, „Bitcoin", S. 4.

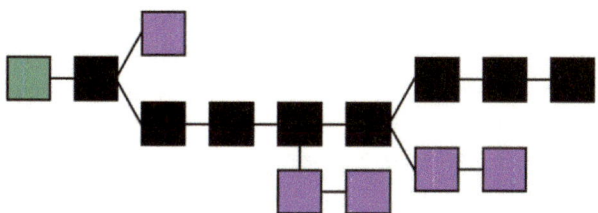

Abbildung 4: Abzweigungen in der Blockchain mit verwaisten Gliedern (Quelle: https://de.wikipedia.org/wiki/Bitcoin, Stand: 8.2.2016, 12 Uhr)

Im P2P-Netz erhalten dann die Knoten unterschiedliche Blöcke zuerst und arbeiten an demjenigen weiter, der bei ihnen zuerst erschien, speichern aber den anderen, falls dessen Kette die längere werden sollte. Denn die längere Kette gilt bei den Knoten immer als die korrekte, an der dann weiterhin gearbeitet werden sollte.

Die Schwierigkeit des Proof of Work passt sich im Übrigen ständig so an, dass die Blockchain immer in denselben im Protokoll festgelegten Abständen verlängert wird. Bei viel Konkurrenz und hoher Rechenleistung wird das Rätsel schwerer und vice versa.[20]

Der am meisten diskutierte Nachteil des Proof-of-Work-Ansatzes ist allerdings die enorme Menge an Strom und anderen Ressourcen, die für die Aktualisierung der Blockchain nötig ist.[21] Die Nachhaltigkeit dieses Ansatzes kann daher bezweifelt werden, wodurch die Forschung an nachhaltigen Weiterentwicklungen starken Auftrieb erfahren hat, welche langfristig auch zur Ablösung von Bitcoin führen könnte.

2.2.2 PROOF OF STAKE (POS)

Aus eben diesem Problem heraus ist der Ansatz des „Proof of Stake" entstanden. Hier wird die Sicherheit der Blockchain nicht durch Anforderung an die bloße Rechenleistung der Miner gewährleistet. Stattdessen ist die Wahrscheinlichkeit p eines Knotens, einen neuen Block erzeugen zu dürfen, direkt proportional zu seinem eigenen Anteil p an der Gesamtmenge der Coins, den er besitzt. Dahinter steckt die einfach Überlegung, dass Nutzer mit dem größten Besitz an Coins auch das größte Interesse an einer sicheren Blockchain haben und am meisten bei einer Entwertung der Kryptowährung im Zuge von Manipulationen zu Schaden kommen würden. Jeder potenzielle Angreifer müsste zuerst einen erheblichen Anteil der Währung kaufen, was das Vorhaben dann finanziell wiederum nicht mehr rentabel machen würde. Eine 51%-Attacke, d.h. wenn ein Knoten seine Wahrscheinlich der Blockerzeugung auf 51% erhöhen will, um Schaden anzurichten, wäre im Übrigen hier kostspieliger als der dazu notwendige Energieaufwand beim PoW. Da beim PoS für die Blockerzeugung kein Arbeits- und damit Zeitaufwand nötig ist, erlaubt dies tendenziell kürzere Blockzyklen, ergo schnellere Transaktionen als bei PoW-Ansätzen. Ebenso wie beim PoW gilt beim PoS, dass die Sicherheit der Blockchain mit der Nutzeranzahl und Aufwertung der Währung steigt.[22]

---

[20] Vgl. zu diesem Absatz ebd., S. 3.
[21] Vgl. Bitfury Group, „Proof of Stake versus Proof of Work", S. 2.
[22] Vgl. zu diesem Absatz ebd., S. 2f.; Buterin, „On Stake".

Anders als beim Proof of Work existieren alle Coins bereits seit dem Genesis-Block (allererster Block in der Kette), d.h. es findet kein Mining statt. Die Anreize, am Netzwerk als „Full Node" teilzunehmen, bestehen hauptsächlich in den Transaktionskosten, die dem Blockerzeuger gutgeschrieben werden.[23] Die größten Vertreter dieses Consensus-Mechanismus sind Peercoin (Hybrid), und Nxt (reiner PoS). Es gibt darüber hinaus zahlreiche Varianten des Proof of Stake, wie den Delegated PoS (z.B. BitShares), Deposit-Based PoS, PoS Velocity, Proof of Activity[24] und andere, die jedoch bislang noch vergleichsweise wenig an Bedeutung gewonnen haben und daher hier nicht weiter erörtert werden.

Kritisiert wird der PoS hauptsächlich aufgrund der Möglichkeit einer Nothing-at-Stake-Attacke: Sobald einmal kein Konsens zustanden kommen sollte und ergo ein Fork entstünde, wäre es für alle Knoten rational, an allen *beiden* Zweigen weiter zu arbeiten, anstatt sich für nur *einen* zu entscheiden, da die Erzeugung zweier paralleler Blöcke beim PoS im Gegensatz zum PoW mit keinerlei Zusatzkosten verbunden ist. Hierdurch wäre es niemals mehr möglich, den Dissens zu lösen und Double-Spend-Attacken wären Tür und Tor geöffnet.[25] Dies stellt eine große Herausforderung an den PoS-Ansatz dar. Bisher wurde noch keine dezentrale Lösung für dieses Problem gefunden, sondern reine PoS-Anwendungen setzen hier stets auf einen zentralen Entscheider.

Eine andere Kritik am PoS (und allen anderen Nicht-PoW-Ansätzen) behauptet, dass ein Consensus-Algorithmus, der ausschließlich auf Ressourcen innerhalb desselben Systems setzt, das dieser ja gerade schützen soll, logisch unmöglich ist. Aus Platzgründen kann hier jedoch nicht genauer darauf eingegangen werden. Der geneigte Leser findet dieses Argument bei Poelstra, „On Stake and Consensus".

2.2.3 DER BYZANTINISCHE KONSENS

Aus einem allgemeineren Blickwinkel betrachtet, sind der PoW und PoS Lösungen des sog. „Byzantinischen Generalsproblem", einem altbekanntem Problem in der IT, das einen Konsens auf einem verteilten System bisher verunmöglichte. Es besteht versinnbildlicht in einem Koordinationsproblem zwischen drei oder mehr Generälen, die eine Stadt gemeinsam angreifen wollen und dafür Einstimmigkeit benötigen, aber nur über unzuverlässige Kommunikationskanäle verfügen. Als solche Kanäle dienen Boten, die von den Generälen – aufgrund deren räumlichen Distanz zueinander – geschickt werden müssen. Dies ist somit nicht nur zeitversetzt, was den zeitgleichen Angriff erschwert, sondern den Boten kann auch nicht getraut werden, da einige verräterische Generäle falsche Informationen zur Sabotage streuen könnten.[26] Auf die IT übertragen, beschreibt dieses Problem die Schwierigkeit, wie verteilte Computersysteme zu einem Konsens finden können, ohne sich auf eine zentrale Autorität verlassen zu müssen oder angreifbar zu sein.[27]

Ripple (siehe auch Abschnitt 3.2.2), Stellar[28], Hyperledger und Tendermint[29] sind vier sich vom Consensus-Algorithmus her sehr ähnelnde Entwicklungen, die das Byzantinische Generalsproblem auf

---

[23] Vgl. Bitfury Group, „Proof of Stake versus Proof of Work", S. 10.
[24] Vgl. Buterin, „On Stake".
[25] Vgl. zu diesem Absatz Bitfury Group, „Proof of Stake versus Proof of Work", S. 12f; Buterin, „On Stake".
[26] Vgl. Bohm, „Bitcoin's Value is Decentralization".
[27] Vgl. Wright und Filippi, „Decentralized Blockchain Technology and the Rise of Lex Cryptographia", S. 5.
[28] Vgl. https://www.stellar.org/papers/stellar-consensus-protocol.pdf
[29] Vgl. http://tendermint.com/docs/tendermint.pdf

andere Weise zu lösen versuchen, nämlich durch einen iterativen Konsens-Prozess. Es findet im Unterschied zu PoW und PoS kein Wettbewerb zwischen den Knoten darüber statt, wer den nächsten Block erzeugen darf, sondern dies geschieht gemeinsam durch Einigung auf die gültigen Transaktionen. Der Erzeugungsprozess wird zum Einigungsprozess.

Beispielhaft für diesen Prozess wird im Folgenden nur Ripple betrachtet. Bei Ripple kommt keine klassische Blockchain im Sinne einer reinen Transaktionskette ohne Systemzustände zum Einsatz, sondern es wird der letzte Systemzustand, der sog. „Last Closed Ledger" (LCL), durch die neuen Transaktionen aktualisiert und gespeichert. Ein solcher Block enthält somit mehr Informationen als in der klassischen Blockchain, d.h. auch die Kontostände der Nutzer, Netzwerk- und Kontoeinstellungen etc.[30]

Neue Transaktionen, die vom Kontobesitzer signiert wurden, werden jedoch nicht sofort verarbeitet, sondern als „Kandidaten" temporär gespeichert. Transaktionen mit fehlerhaftem Inhalt werden automatisch schon zuvor entfernt. Um über die Transaktion abzustimmen, wird sie in einen provisorischen Ledger testweise eingefügt. Die „Unique Node List" (UNL) enthält alle Knoten, denen so weit vertraut werden kann, sich nicht zwecks Betrugs zusammenzuschließen. Nur diese dürfen sich am Konsens-Prozess beteilige. Bei Ripple handelt es sich daher um einen privaten, permissioned Ledger (siehe dazu auch Abschnitt 2.3). Der Konsens-Prozess verläuft in Runden, in denen jeweils Transaktionen vorgeschlagen werden und so lange darüber abgestimmt wird, bis schließlich ein Konsens von mindestens 80% erreicht ist, wobei der Schwellenwert in der ersten Runde bei 50% beginnt und sich schrittweise um 10 Prozentpunkte pro Runde steigert. Transaktionen, die weniger als den Schwellenwert erreichen, fallen heraus und können erst im nächsten Konsensus-Prozess wieder beachtet werden. Erst nach einer erfolgreichen 80%-Konsens-Runde gilt der Ledger als validierter neuer LCL und wird im Netz verbreitet.[31]

Die Gesamtmenge von 100 Mrd. der Ripple-Währung XRP existiert bereits von Anfang an vollständig, d.h. es findet kein Mining statt.[32] Anders als beim PoW gibt es dadurch auch kein direktes Anreizsystem für Server bzw. Knoten im Netz, d.h. diese müssen ein anderweitiges Interesse am Bestand der Datenbank haben. Für Transaktionen werden Kleinstbeträge von XRP vernichtet, um Denial-of-Service-Attacken (DoS) mittels einer Überflutung des Systems durch Transaktionen zu verteuern und damit zu erschweren. Aufgrund des Konsens-Prozesses kann es bei Ripple im Idealfall keine Gabelungen der Blockchain geben[33], was den Vorteil hat, dass Transaktionen nicht auf zusätzliche Bestätigungen in den nachfolgenden Blocks warten müssen und das System keinen Nothing-at-Stake-Attacken ausgesetzt ist. Ohne Mining fällt auch die ökologische Bilanz positiver aus als bei PoW.

Ripple wird jedoch meist dafür kritisiert, dass es kein vollständig dezentrales System darstellt, wie dies mit dem Proof-of-Work-Mechanismus möglich ist, und somit auf ein Restvertrauen in die zentrale Instanz, d.h. in diesem Fall Ripple Labs, angewiesen ist.[34] Ein Vorfall, der dies beispielhaft gezeigt hat, war die

---

[30] Vgl. Schwartz, Cohen, und Britto, „The Ripple Ledger Consensus Process".
[31] Vgl. zu diesem Absatz ebd.; Schwartz, Youngs, und Britto, „The Ripple Protocol Consensus Algorithm".
[32] Vgl. Brown, „10 things you need to know about Ripple".
[33] Obwohl dies eigentlich nicht vorkommen sollte, wurde ein solcher Fall jedoch bei Stellar festgestellt, vgl. Kim, „Safety, liveness and fault tolerance - the consensus choices".
[34] Vgl. Buterin, „On Stake".

Einfrierung von XRP-Guthaben, die von einigen Gateways im Auftrag von Ripple Labs 2015 ausgeführt wurde.[35]

2.2.4 HYBRIDE

Neben den klassischen Consensus-Mechanismen gibt es darüber hinaus auch Hybride, die mehrere Konzepte versuchen zu vereinigen. Ein gutes Beispiel hierfür ist Factom[36]: Deren System inklusive der Währung Factoid läuft als zusätzliche Datenschicht auf der Bitcoin-Blockchain. Ein solcher Prozess nennt sich „Blockchain Anchoring": Hierbei wird der Block-Header einer in der Regel permissioned Blockchain (zur Erklärung siehe auch den folgenden Abschnitt 2.3) – hier Factom – durch einen Hash-Wert regelmäßig in eine permissionless Blockchain – in diesem Fall Bitcoin – eingetragen. Jedoch läuft die Validierung und Verlängerung der Kette in der primären Blockchain unabhängig von der sekundären und erfolgt bei Factom minütlich. Blockchain Anchoring (siehe Abbildung 5) hat den Vorteil der zusätzlichen Absicherung gegen Veränderbarkeit von Transaktionen.[37]

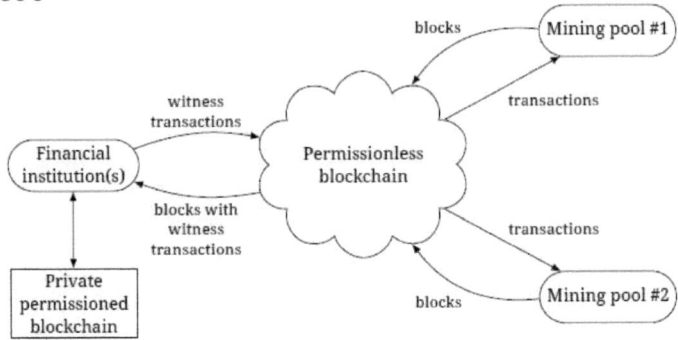

Abbildung 5: Blockchain Anchoring (Quelle: Bitfury Group, „Public versus Private Blockchains, Part 1", S. 19)

Die Gesamtmenge der Factoids ist seit Beginn vorhanden und muss nicht gemined werden. Factoids lassen sich zu einem variablen Kurs in „Entry Credits" umtauschen, die als nicht-übertragbare Software-Lizenzen fungieren und auf einer eigenen Chain verwaltet werden. Bei einem Umtausch werden Factoids aus dem System temporär entfernt, um das Factoid-Angebot an die Nutzung zu koppeln, d.h. wenn das System mehr genutzt wird, werden Factoids so knapper und wertvoller. Über Factoid-Transaktionsgebühren können außerdem Anreize für die benötigten Hardware-Ressourcen geschaffen werden. Zur Erzeugung eines Blocks, d.h. um Transaktionen zu validieren und in die primäre sowie sekundäre Blockchain einzutragen, ist pro Minute stets nur ein einziger Server berechtigt, der aus einem Pool aus sog. „Federated Servers" per Rotation hervorgeht. Federated Servers sind diejenigen Server mit der größten Unterstützung der Community. Das P2P-Netz stimmt dabei über die Zusammensetzung dieses Pools ab. Entry Credits berechtigen bei dieser Abstimmung zur Stimmvergabe und Einreichung von Eintragungen in die Blockchain. Das Stimmgewicht der Knoten wird hierbei über den sog. „Proof of

[35] Vgl. Wince, „„Not-So-Decentralized' Ripple Freezes $1m in User Funds".
[36] http://factom.org
[37] Vgl. zu diesem Absatz Bitfury Group, „Public versus Private Blockchains, Part 1", S. 17f.

Use" ermittelt, d.h. je weiter deren Käufe von Entry Credits zurückliegt, desto weniger werden sie gewichtet. Nach mehreren Jahren ist dieser dann gänzlich wertlos. Factom vereinigt also den PoW von Bitcoin mit einem eigenen Consensus-Mechanismus namens Proof of Use, bei dem ein Server-Pool vom Netz per Konsens zur Verifizierung und minütlichen Blockerzeugung delegiert wird.[38]

Auch beispielsweise Peercoin nutzt einen Hybrid, nämlich aus PoW und PoS. PoS dient hier zur Generierung von neuen Transaktionsblöcken, wohingegen der PoW allein für die Verteilung von neuen Coins genutzt wird.[39]

2.3 VARIANTEN: ÖFFENTLICH VS. PRIVAT UND PERMISSIONED VS. PERMISSIONLESS

Ferner unterscheiden sich Blockchain-Varianten in den Dimensionen privat versus öffentlich sowie permissioned versus permissionless:[40]

- In einer **öffentlichen Blockchain** gibt es keine Beschränkungen in Bezug auf die Gruppe von Knoten, welche die Blockchain-Daten auslesen und Transaktionsvorschläge einreichen darf. Die öffentlichen Daten können dennoch verschlüsselt sein, wodurch sie zwar lesbar, aber nicht für jeden verständlich sind. Bitcoin ist der bekannteste Vertreter einer solchen Blockchain.

- **Private Blockchains** erlauben nur einer bestimmten vordefinierten Gruppe von Knoten den Zugriff auf Blockchain-Daten und die Berechtigung zu Transaktionsvorschlägen. Insbesondere Banken experimentieren aus Gründen der Compliance und aufgrund der höheren Geschwindigkeit mit solchen Varianten.

- In einer **permissionless Blockchain** gibt es keine Einschränkungen hinsichtlich der Gruppe von Entitäten, welche Transaktionen ausführen, d.h. neue Blöcke erzeugen, darf. Solche Varianten mit offener Mitgliedschaft benötigen per se auch einen komplexeren Algorithmus.

- In einer **permissioned Blockchain** ist die Gruppe derjenigen, die Transaktionen ausführen und Blöcke erzeugen darf, vordefiniert und deren Identität bekannt. Auch diese Variante birgt für Finanzdienstleister deutliche Vorteile in Bezug auf die Compliance. Anzumerken ist hier, dass gerade bei dieser Variante oft nicht unbedingt Tokens in Form von Kryptowährungen auf der Blockchain zirkulieren, sondern die Blockerzeuger anderweitig incentiviert werden.[41]

---

[38] Vgl. zu diesem Absatz Snow u. a., „Factom Ledger by Consensus".
[39] Vgl. Bitfury Group, „Proof of Stake versus Proof of Work", S. 9.
[40] Vgl. zum Folgenden Bitfury Group, „Public versus Private Blockchains, Part 1", S. 10f.
[41] Vgl. ebd., S. 12.

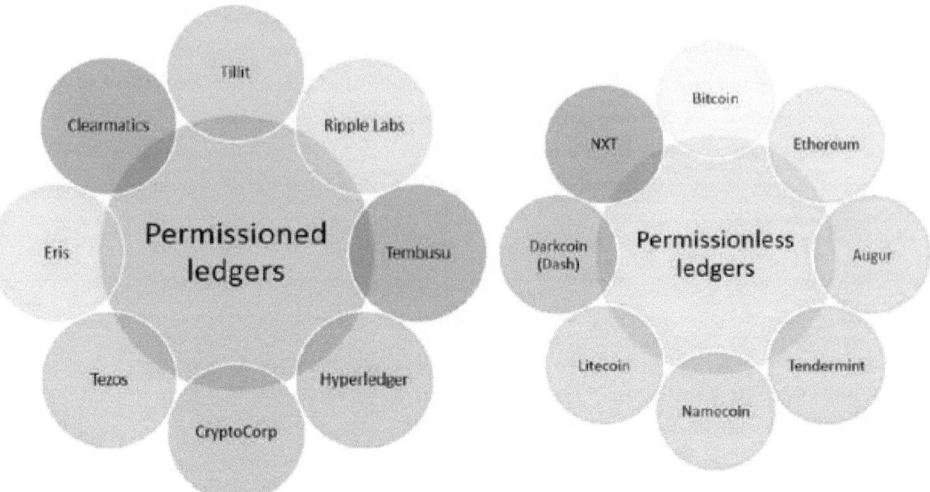

Abbildung 6: Permissioned vs. permissionless – Einteilung der Blockchain-Projekte (Quelle: Swanson, „Consensus-as-a-service")

Zwischenformen sind jeweils möglich und unterscheiden sich dann nur graduell. Beachtenswert ist, dass eine permissioned Blockchain aber nicht zwangsläufig auch eine private sein muss. Eine private permissionless Blockchain ist allerdings aus logischer Sicht nicht möglich.[42] Je nach Anwendung sind bestimmte Varianten geeigneter als andere, so sind für On-Chain-Güter (wie z.B. Kryptowährungen) permissionless Blockchains sinnvoll, wohingegen für Off-Chain-Güter (jegliche anderen auf der Blockchain registrierten Assets, siehe Abschnitt 3.2.1) permissioned Blockchains am geeignetsten sein können.[43] Darüber hinaus finden es manche Autoren sinnlos, in einer permissioned Blockchain Proof of Work einzusetzen, da ja alle Validierungsknoten bekannt sind und somit nicht unbedingt mehr einem kostenintensiven „Vertrauenstest" unterzogen werden müssten. PoW sei somit eher auf vollständig dezentrale bzw. verteilte und öffentliche Varianten zugeschnitten.[44]

Je mehr Restriktionen eine Blockchain jedoch beinhaltet, desto mehr weiche sie von den Kernprinzipien der Blockchain ab, d.h. Dezentralisierung sowie das Funktionieren auch ohne Vertrauen, sagen Kritiker.[45]

---

[42] Vgl. ebd., S. 10.
[43] Vgl. Swanson, *Consensus-as-a-service*, S. 25.
[44] Vgl. ebd., S. 8.
[45] Vgl. Bitfury Group, „Public versus Private Blockchains, Part 1", S. 11.

3 ANWENDUNGEN DER BLOCKCHAIN

3.1 EINFÜHRUNG

Was das Einsatzgebiet der Blockchain betrifft, war bisher stets nur die Rede von Kryptowährungen und deren Transaktionen. Ursprünglich war dies bei Bitcoin bzw. Blockchain 1.0 auch so geplant, nämlich als Dezentralisierung von Geld und Zahlungen. Seit etwa Mitte 2014 ist jedoch noch eine neue Tendenz hinzugekommen, die auf die Dezentralisierung von Märkten allgemein abzielt und oft als „Blockchain 2.0" bezeichnet wird. Möglich ist dies dadurch geworden, dass Bitcoin-Transaktionen eine Notiz angeheftet werden kann, die dann ebenfalls in die Blockchain gespeichert wird. So kann die Kryptowährung also auch lediglich als Transportwährung für andere Güter genutzt werden.[46] Wo solche Ansätze somit noch sehr nah an Bitcoin sind, gibt es daneben auch Entwicklungen, denen eine gänzlich andere Funktionsweise zugrunde liegt, wie z.B. Ripple. Diesbezüglich ist der Begriff der Blockchain 2.0 ergo nicht sehr trennscharf.

Vergleichbar ist die Blockchain-Technologie zur Veranschaulichung auch mit der Internetarchitektur selbst: So entspräche Blockchain 1.0/Bitcoin der TCP/IP-Transportschicht. Blockchain 2.0 und andere Blockchain-Ableger wären auf Stufe der Applikationsschicht, also dort, wo sich im Internet Protokolle wie HTTP, SMTP oder FTP befinden. Einige der Blockchain 2.0-Anwendungen greifen dabei auf die Bitcoin-Blockchain zurück, viele arbeiten jedoch mit ihrer eigenen Blockchain.[47]

Bei der folgenden Klassifizierung der Anwendungen hält sich diese Arbeit weitgehend an den Vorschlag der Euro Banking Association, lässt aber reine „Currency"-Anwendungen außen vor.[48] Abbildung 7 bietet hierbei einen zeitlichen Überblick der Kategorien und deren Vertreter, Abbildung 8 eine Übersicht der Inhalte ausgewählter Projekte.

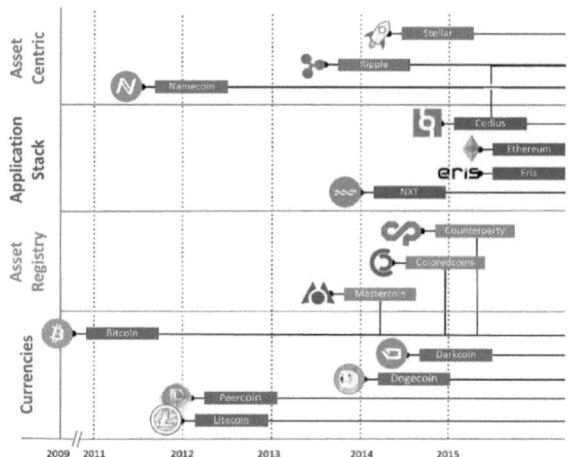

Abbildung 7: Zeitliche Übersicht der Vertreter der Anwendungskategorien (Quelle: Euro Banking Association, „Cryptotechnologies", S. 5)

---

[46] Vgl. zu diesem Absatz Swan, *Blockchain: Blueprint for a New Economy*, S. 9.
[47] Vgl. zu diesem Absatz ebd., S. 10.
[48] Vgl. Euro Banking Association, „Cryptotechnologies".

Bitcoin 2.0 project name and URL	Project description	Technical note
Ripple https://ripple.com/	Gateway, payment, exchange, remittance network; smart contract system: Codius	Separate blockchain
Counterparty https://www.counterparty.co/	Overlay protocol for currency issuance and exchange	Bitcoin blockchain overlay
Ethereum http://ethereum.org/	General-purpose Turing-complete cryptocurrency platform	Own blockchain, Ethereum virtual machine
Mastercoin http://www.mastercoin.org/	Financial derivatives	Bitcoin blockchain overlay
NXT http://www.nxtcommunity.org/	Altcoin mined with proof-of-stake consensus model	Bitcoin blockchain overlay
Open Transactions http://opentransactions.org/	Untraceable anonymous, no latency transactions	No blockchain; transactions library
BitShares http://bitshares.org/	Decentralized crypto-equity share exchange	Separate blockchain
Open Assets https://github.com/OpenAssets	Colored coin issuance and wallet	Bitcoin blockchain overlay
Colored Coins http://coloredcoins.org/	Bitcoin asset marking for digital/physical assets	Bitcoin blockchain overlay

Abbildung 8: Übersicht ausgewählter Projekte, deren Inhalte und technische Eigenschaften (Quelle: Swan, Blockchain: Blueprint for a New Economy, S. 18)

3.2 ANWENDUNGSKATEGORIEN

3.2.1 ASSET REGISTRY

Als „Asset Registry" bezeichnet man Anwendungen, die in einer öffentlichen Blockchain Güter „registrieren". Als Mittel hierfür dienen Transaktionen von Kleinstbeträgen der Kryptowährung, in deren angehängte Notiz eine das entsprechende Gut eindeutig identifizierende Referenz eingetragen wird. Diese Güter können z.B. Aktien, Fahrzeuge, Immobilien oder Internet-Domänen etc. sein. Wer den privaten Schlüssel zu den eingetragenen Währungseinheiten besitzt, ist dann auch der Besitzer des registrierten Gutes. Der große Vorteil dieser Vorgehensweise liegt darin, dass sich so Eigentumsregistrierungen dezentral und kostengünstig ausführen lassen und das Auditing vereinfacht wird.[49] Viele Asset-Registry-Anwendungen könnte man auch als weniger komplexe Smart-Property-Anwendung verstehen (siehe hierzu Abschnitt 3.3.3.2).

Die größten Vertreter dieser Kategorie sind Mastercoin[50], Colored Coins[51] (siehe auch Abschnitt 4.3.2.2), Namecoin[52] (das erste und erfolgreichste dezentrale Domain Name System auf einer eigenen Blockchain), Counterparty, CoinSpark[53], Everledger[54] (für Diamanten, Schmuck und Bilder) und ProofOfExistence.com (Dokumentenregistrierung). Das bereits erwähnte Factom geht über die simple einmalige Eintragung eines Dokumentenbeweises wie bei ProofOfExistence.com hinaus und bietet zudem auch die Möglichkeit, diesen zu aktualisieren. Bei dieser Form der Anwendung wird meist jedoch seitens

---

[49] Vgl. zu diesem Absatz ebd., S. 7.
[50] http://www.omnilayer.org
[51] http://coloredcoins.org
[52] https://namecoin.info
[53] http://coinspark.org
[54] http://www.everledger.io

der Entwickler (insbesondere bei Bitcoin) das sich daraus ergebende Problem des „Data Bloat" moniert, d.h. dass die Blockchain durch die vielen Kleinstbeträge und Güterregistrierungen mit Daten überschwemmt und an der Skalierung gehindert würde (siehe Abschnitt 5.2). Factom versucht auch, dieses Problem aufzugreifen, indem die Daten schon vor der Eintragung kryptographisch vor-verarbeitet werden, um die Datengröße zu minimieren.[55]

Da viele Asset-Registry-Anwendungen allerdings kein eigenes Blockchain-Protokoll verwenden, entsteht ein Problem im Validierungsprozess: Es kann nicht nativ verhindert werden, dass fehlerhafte Transaktionen in die Blockchain eingetragen werden, da der Validierungsprozess der zugrundeliegenden Blockchain von der Güterregistrierung unabhängig ist. Daher müssen hierzu bisher zusätzlich zentrale Server eingesetzt werden.[56]

3.2.2 ASSET-CENTRIC

Wo sich per Bitcoin und Co. ausschließlich digital vorhandene Werte handeln ließen, sind bei Asset-Centric-Anwendungen diese Werte durch real existierende Güter gedeckt. Der Kern jeder Asset-Centric-Anwendung besteht also darin, dass Kryptowährungen Güter wie Währungen, Anleihen, Rohstoffe oder Aktien lediglich repräsentieren und deren Handel vereinfachen. Einige der Teilnehmer arbeiten dann als Schnittstelle oder Market Maker und verpflichten sich zum Umtausch der Kryptowährung in das entsprechende Gut.[57]

Der bekannteste Vertreter einer Asset-Centric-Anwendung ist Ripple (siehe auch Abschnitt 2.2.3). Ripple's Chef-Kryptograph fasst dessen Ziel so zusammen: "Payment systems today are where email was in the early '80s. Every provider built their own system for their customers and if people used different systems they couldn't easily interact with each other. Ripple is designed to connect different payment systems together."[58]

Ripple zielt dabei nicht auf einen Umsturz des bisherigen Finanzsystems ab, sondern auf Effizienz- und Liquiditätssteigerungen im existierenden Ökosystem sowie Interoperabilität auf der Settlement-Ebene.[59]

Börsen, wie Bitcoin.de oder Bitstamp, wo Bitcoin mit Fiat-Währungen getauscht wird, sind bisher zentralisiert. Ripple geht hier einen neuen Weg und möchte nicht nur die Währung, sondern auch die Handelsplattform weitestgehend dezentral gestalten. So sollen sowohl Finanztransaktionen als auch allgemeine Börsengeschäfte netzwerkübergreifend und bilateral möglich sein.[60] Ein Praxisbeispiel könnte so aussehen, dass der Sender einer Überweisung in Euro bezahlt, aber der Empfänger sich entscheiden kann, ob er den Betrag lieber in USD, Ripple's Brückenwährung XRP, Bitcoin o.ä. erhalten möchte, alles ohne zusätzliche teure Intermediäre. Der Ledger wird bei Ripple in einem Konsensprozess ca. alle 2-5 Sekunden aktualisiert, womit XRP zu den schnellsten Kryptowährungen gehört und mit zentralen Dienstleistern wie Paypal mithalten kann.[61]

---

[55] Vgl. zu diesem Absatz Euro Banking Association, „Cryptotechnologies", S. 7f.
[56] Vgl. zu diesem Absatz Buterin, „Ethereum Whitepaper".
[57] Vgl. zu diesem Absatz Euro Banking Association, „Cryptotechnologies", S. 9.
[58] Brown, „10 things you need to know about Ripple".
[59] Vgl. Swanson, *Consensus-as-a-service*, S. 34.
[60] Vgl. Roßbach, „Blockchain-Technologien und ihre Implikationen, Teil 2", S. 6.
[61] Vgl. Schwartz, Cohen, und Britto, „Reaching Consensus in Ripple".

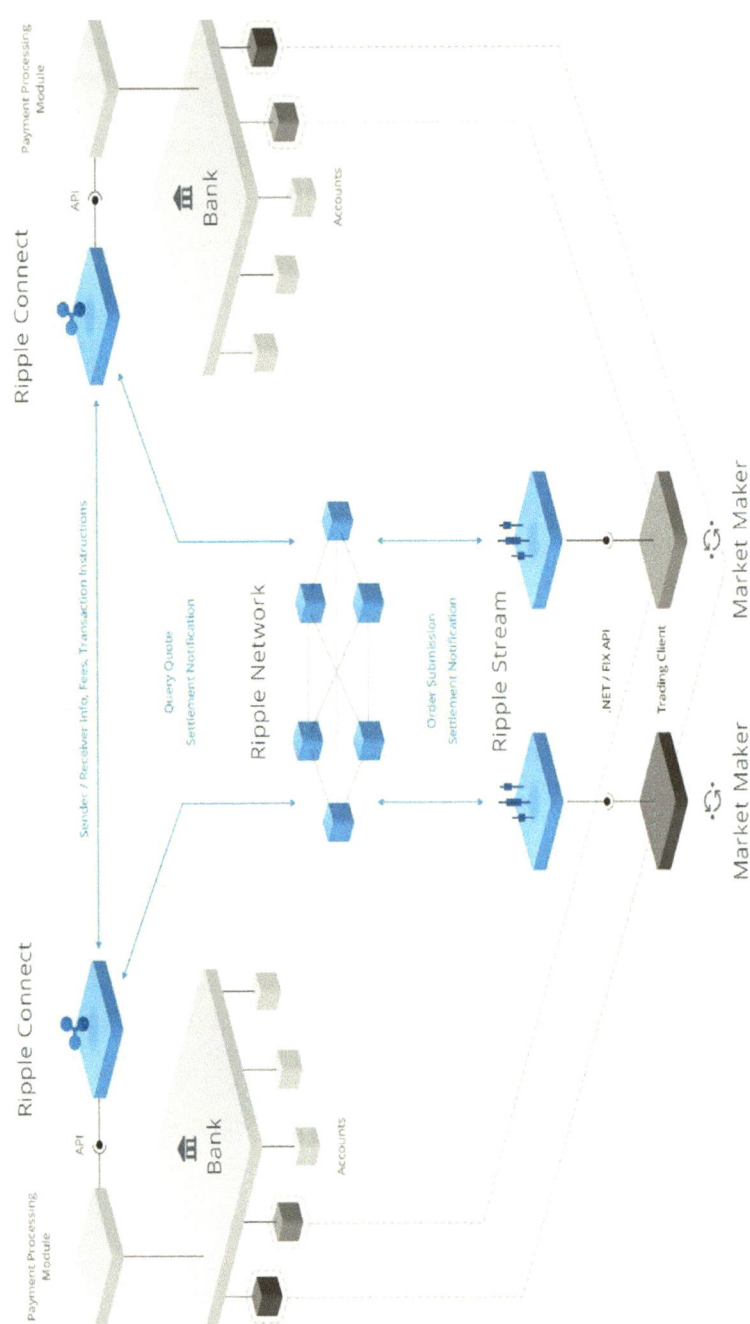

Abbildung 9: Die Ripple-Architektur (Quelle: https://ripple.com/technology/, Stand: 9.2.2016, 12 Uhr)

Asset-Centric Anwendungen sind zudem die bisher schon am weitesten entwickelten. Andere Vertreter dieser Kategorie sind Hyperledger, das auf effiziente Settlement-Lösungen im Finanzsektor spezialisiert ist, und Stellar.

3.2.3 APPLICATION STACKS

Application-Stacks-Anwendungen sind Plattformen für die Entwicklung und Ausführung von vollständigen dezentral arbeitenden Programmen. In gewisser Weise bieten diese Plattformen also dezentralisierte Cloud-Services an.[62] Das bekannteste Beispiel dieser Kategorie ist das Projekt Ethereum, auf das im folgenden Kapitel genauer eingegangen wird. Ripple Labs hat mit Codius[63] auch eine eigene Smart-Contract-Plattform und Programmiersprache angeboten, das Projekt jedoch nach einem Jahr wieder eingestellt.[64] Weiterhin gehören Projekte wie Eris[65] und Nxt[66] in dieselbe Anwendungsklasse.

3.3 ANWENDUNGSBEISPIEL: ETHEREUM

3.3.1 ALLGEMEIN

Das Projekt Ethereum[67] entstand 2013 durch den jungen russisch-kanadischen Programmierer Vitalik Buterin, der eine im Vergleich zu Bitcoin deutlich einfachere, vielseitigere und leistungsfähigere Blockchain kreieren wollte. Gestartet wurde es erst 2015 als eine eigene Plattform für dezentrale Blockchain-Anwendungen, spezialisiert auf Smart Contracts (siehe Abschnitt 3.3.3.1). Folgende Bestandteile werden dort u.a. verschlüsselt unterstützt: Nutzer-Authentifizierung, Zahlungen, P2P-Cloud-Speicher, Instant Messaging und Reputationsratings. So soll insgesamt ein neuartiges dezentrales Web möglich werden.[68] Aufgrund seiner Eigenschaften könnte man Ethereum auch als großen, dezentralen Computer oder als eine Virtuelle Maschine bezeichnen.[69]

Ethereum ist eines der größten und vielversprechendsten Blockchain-Projekte, in das größere Mengen an Geld aus Silicon Valley fließen. Der bekannte Paypal-Milliardär Peter Thiel beispielsweise investierte schon als Erster über 100.000 USD. Das Projekt konnte zudem mit der Summe von 18 Millionen USD einen Crowdfunding-Weltrekord aufstellen. Zahlreiche Großkonzerne wie Microsoft, IBM und Samsung oder Banken wie die UBS haben bereits Interesse an Ethereum angemeldet bzw. arbeiten an Implementierungs-möglichkeiten.[70]

---

[62] Vgl. Euro Banking Association, „Cryptotechnologies", S. 8f.
[63] https://codius.org
[64] Vgl. https://codius.org/blog/codius-one-year-later (Stand: 28.2.2016, 15 Uhr).
[65] https://erisindustries.com
[66] https://nxt.org
[67] https://www.ethereum.org
[68] Vgl. zu diesem Absatz Swanson, *Consensus-as-a-service*, S. 46f.
[69] Vgl. Swan, *Blockchain: Blueprint for a New Economy*, S. 21.
[70] Vgl. zu diesem Absatz Grassegger, „Der digitale Lenin hinter der Blockchain".

3.3.2.1 AUSGANGSPUNKT: SCHWÄCHEN DES BITCOIN-PROTOKOLLS

Das Bitcoin-Protokoll hat folgende Schwächen, die das Ethereum-Projekt zu verbessern versucht:[71]

- **Fehlen der Turing-Vollständigkeit:** (Endlose) Schleifen sind hier beispielsweise aus Sicherheitsgründen nicht programmierbar, was andererseits die Möglichkeiten stark einschränkt.

- **Wert-Blindheit:** Der Wert der bei Bitcoin verwendeten Variablen UTXO (Unspent Transaction Outputs)[72] lässt sich durch ein Script nicht an andere Bedingungen binden und entsprechend anpassen, sondern dies muss umständlich umgangen werden. Dies ist z.b. bei Hedging-Kontrakten erforderlich.

- **Mangel an möglichen Zuständen:** UTXO können nur entweder ausgegeben oder nicht ausgegeben werden, Zwischenschritte gibt es nicht. So sind keine komplexeren oder Multi-Stage-Kontrakte möglich, auch keine kryptographischen Two-Stage-Protokolle. Meta-Protokolle sowie Abbuchungslimits sind ebenfalls ausgeschlossen.

- **Blockchain-Blindheit:** UTXO können andere Daten in den Blöcken, wie die Nonce, den Zeitstempel und Hashs, nicht lesen. Dies behindert solche Anwendungen, die mit Zufälligkeiten im Code arbeiten müssen.

All diese Schwächen sind bei Ethereum nicht gegeben.

3.3.2.2 EIGENSCHAFTEN

Ethereum bietet eine universelle, open-source programmierbare Blockchain. Zu diesem Zweck beinhaltet es im Unterschied zu den meisten anderen Blockchain-Projekten eine Turing-vollständige Programmiersprache namens Etherscript. Mithilfe dieser lassen sich besonders einfach und kompakt Smart Contracts (siehe Abschnitt 3.3.3.1) schreiben und Programme aus allen der genannten Blockchain-Anwendungsbereiche kreieren – durch Konvertierung auch in allen heute gängigen Programmiersprachen.[73]

Für diese Programme sind eigene Parameter wie Eigentümer, Transaktionsformate und Funktionen für Zustandsübergange definierbar. Anders als bei reinen Transaktions-Blockchains wie Bitcoin werden bei Ethereum Konten und deren Kontostände direkt im Ledger gespeichert. Bei kontinuierlich anwachsender Blockchain-Datenlast durch auf der Plattform laufende Anwendungen erleichtert dies die Skalierbarkeit erheblich, da die „Full Nodes" anstatt der gesamten Blockchain lediglich den Block mit dem aktuellen Ledger speichern müssen. Es gibt weiterhin nicht nur reguläre Konten im externen Besitz per privatem und öffentlichem Schlüssel, sondern auch Vertragskonten („Contract Accounts"), die rein durch Vertragscode gesteuert werden. Die Verträge innerhalb von Ethereum sind zudem laut Buterin ohnehin

---

[71] Vgl. zum Folgenden Buterin, „Ethereum Whitepaper".
[72] Der aktuelle Zustand bzw. die Kontostände des Ledgers werden mit der Variablen UTXO ausgedrückt. UTXO-Variablen existieren vielfach, sind nummeriert und einem öffentlichen Schlüssel zugeordnet. Jede Transaktion verweist als Input auf eine solche UTXO, die zerstört wird, und setzt als Output eine neue UTXO.
[73] Vgl. zu diesem Absatz Buterin, „Ethereum Whitepaper".

eher als autonom Handelnde mit bestimmten Berechtigungen zu betrachten denn als einfache Vertragstexte.[74]

Die Ethereum-Blockchain ist, analog zu Bitcoin, eine öffentliche, permissionless Blockchain und erzeugt durchschnittlich alle 17 Sekunden einen neuen Block. Wohlgemerkt müssen Ethereum-Anwendungen allerdings nicht selbst primär eine solche Variante nutzen, sondern können ihre individuelle Variante z.b. mittels Merged Mining[75] oder Blockchain Anchoring (siehe Abschnitt 2.2.4) mit der Ethereum-Blockchain verbinden. Bislang nutzt Ethereum einen selbst konzipierten Consensus-Algorithmus namens „Ethash"[76]: Dieser ist ein PoW, der besonders für Mining auf der GPU ausgelegt ist und Speicherkapazität mehr als bloße Rechen bzw. Hashleistung belohnt. Langfristig wird jedoch bezweckt, eher eine PoS-Variante zu nutzen. Diese müsste dann allerdings auch eine vollständig dezentrale Abwehr gegen Nothing-at-Stake-Attacken eingebaut haben, woran noch geforscht wird.[77]

3.3.2.3 DIE WÄHRUNGEN ETHER (ETH) UND GAS

In der Ethereum-Umgebung werden Transaktionskosten mit der eigenen Kryptowährung „Ether" (ETH) beglichen. Gleichzeitig existiert jedoch auch eine andere Art von Währung, die „Gas" genannt wird und den Entry Credits bei Factom stark ähnelt (siehe Abschnitt 2.2.4). Diese dient als Anti-DoS-Maßnahme und beziffert die notwendigen Rechenoperationen. Pro Rechenschritt wird in der Regel 1 Gas abgerechnet, zzgl. 5 Gas für jedes Byte in der Transaktion. Nur ETH lässt sich in Gas eintauschen.[78]

3.3.2.4 DER MIST-BROWSER

Die Ethereum-Entwickeln forschen seit einiger Zeit zudem an derem geplanten MIST-Browser, einer auf Ethereum laufenden Decentralized App (DApp), die der Blockchain ein einfaches User Interface geben soll. Dieses soll dazu dienen, selbst technisch wenig versierten Nutzern die Entwicklung eigener DApps zu ermöglichen, DApps zu nutzen, und zudem einen Überblick über die in Zukunft wahrscheinlich noch zahlreicheren Blockchain-Projekte zu bieten. Die Bedienung soll sich dabei kaum von einem üblichen Internet-Browser unterscheiden. [79] Bisher ist allerdings nur eine Alpha-Version verfügbar; bis zum endgültigen Release könnten noch einige Jahre vergehen.[80]

3.3.3 ANWENDUNGSMÖGLICHKEITEN

Mit Ethereum lassen sich zahlreiche und vielseitige Anwendungen realisieren. Diese kann man allgemein in drei Kategorien gliedern:[81]

- **Finanzielle Anwendungen:** Dienste, die Nutzern die Verwendung ihres Geldes sowie damit verbundene Verträge erleichtern und erweitern. Hierzu zählen z.B. Sub-Kryptowährungen, Finanzderivate, Hedging-Kontrakte, Sparkonten, Testamente und Arbeitsverträge.

---

[74] Vgl. zu diesem Absatz ebd.
[75] Vgl. Bitfury Group, „Public versus Private Blockchains, Part 1", S. 15ff.
[76] Vgl. Wood, „Ethereum", S. 13.
[77] Vgl. für weitere Informationen Bitfury Group, „Proof of Stake versus Proof of Work", S. 20f.
[78] Vgl. zu diesem Absatz Buterin, „Ethereum Whitepaper".
[79] Vgl. o.V., „The Ethereum browser Mist gives blockchain a face".
[80] Vgl. hierzu https://redd.it/3uwiqr (Stand: 17.02.2016, 22 Uhr).
[81] Vgl. hierzu Buterin, „Ethereum Whitepaper".

- **Semi-finanzielle Anwendungen:** Der non-monetäre Aspekt dieser Anwendungen ist deutlich größer als der finanzielle. Eine vorstellbare Anwendung wäre hier beispielsweise ein automatischer Finderlohn für denjenigen, der die Lösung für bestimmte Rechenprobleme findet.
- **Nicht-finanzielle Anwendungen:** Beispiele hierfür sind Online-Abstimmungen und alles, was z.b. mit Regierungsaufgaben zu tun hat (siehe auch Abschnitt 4.2).

Alle diese Anwendungen lassen sich mittels Smart Contracts und Smart Property technisch realisieren, weshalb diese im Folgenden erläutert werden.

3.3.3.1 SMART CONTRACTS

Ein Smart Contract im hier relevanten Sinne der Blockchain beschreibt eine Übereinkunft zwischen mindestens zwei Parteien, die als Vertrag in digitaler Form in die Blockchain eingespeist wird und deren enthaltenen Klauseln automatisch technisch überwacht und durchgesetzt werden, d.h. ohne hierfür eine dritte Instanz zu benötigen. Smart Contracts stellen also bestimmte Programme dar, welche z.b. bei einer Transaktion (von virtuellen Währungen) feststellen können, ob und wann die Gegenleistung – als Produkt oder Dienstleistung – erfüllt wurde. Erst wenn dies geschehen ist, wird die zugrundeliegende Transaktion ausgeführt. Praktisch gesprochen erfüllt ein Smart Contract folglich eine Treuhänderfunktion, jedoch mit beinahe keinen Transaktionskosten und in nahezu Echtzeit.[82] Man kann zwischen zwei Arten von „smarten Verträgen" unterscheiden, einerseits der Mensch-zu-Mensch-Interaktion und andererseits der Operation zwischen technischen Einheiten (Maschine-zu-Maschine).[83]

Nick Szabo spezifiziert einen Smart Contract folgendermaßen: „A smart contract is a set of promises, specified in digital form, including protocols within which the parties perform on these promises."[84] Unter "promises" werden hier sämtliche Klauseln und Vereinbarungen über Rechte und Verpflichtungen der Vertragspartner verstanden. Die digitale Form meint dabei die Übersetzung dieser Klauseln in maschinell lesbaren Code. Protokolle beziehen sich auf die technische Umsetzung und hängen unter anderem von der Art des getauschten Gutes ab. Im Fall von vereinbarten Bitcoin-Transaktionen könnte dies demnach das Bitcoin-Protokoll sein.[85] Selbstverständlich lassen zudem die Klauseln im Vergleich zu herkömmlichen „analogen" Verträgen keinen Interpretationsspielraum zu, sind also semantisch nicht flexibel.[86]

Da die genaue Definition von Smart Contracts nicht unumstritten ist, soll hier noch eine weitere herangezogen werden, die den Mechanismus eines Smart Contract womöglich verständlicher beschreibt. Richard Brown meint (siehe auch Abbildung 10): „A smart-contract is an event-driven program, with state, which runs on a replicated, shared ledger and which can take custody over assets on that ledger."[87]

---

[82] Vgl. zu diesem Absatz Bheemaiah, „Block Chain 2.0".
[83] Vgl. Swan, „Cryptocitizen: Smart Contracts, Pluralistic Morality, and Blockchain Society".
[84] Szabo, „Smart Contracts: Building Blocks for Digital Markets".
[85] Vgl. zu diesem AbsatzGlatz, „What's a Smart Contract?"
[86] Vgl. Wright und Filippi, „Decentralized Blockchain Technology and the Rise of Lex Cryptographia", S. 24f.
[87] Swanson, *Consensus-as-a-service*, S. 15.

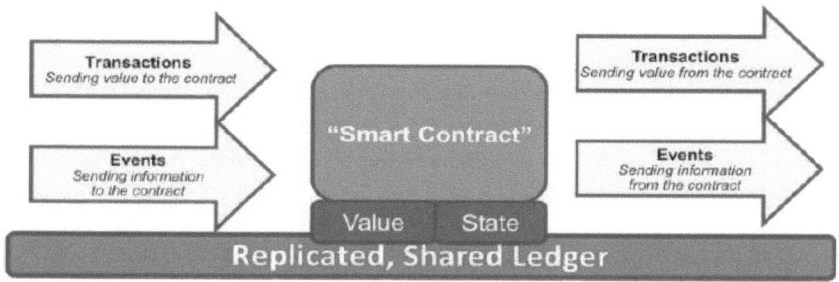

Abbildung 10: Der Mechanismus eines Smart Contract (Quelle: Swanson, „Consensus-as-a-service", S. 15)

Vereinfacht kann man sich den Mechanismus eines Smart Contracts analog zu einem Verkaufsautomaten vorstellen, dessen Programmierung die Herausgabe des gewünschten Gutes erst vorsieht, sobald der geschuldete Betrag durch die eingeworfenen Münzen beglichen wurde.[88]

Bei ökonomischen Transaktionen stellt beispielsweise eine aufgegebene Kauf- oder Verkaufsorder ebenfalls einen Smart Contract dar, bei dem die Vermögenswerte von Anfang an gebunden werden und bei Zustandekommen eines (Ver-)Kaufs automatisch zum oder vom entsprechenden Partner übertragen werden.[89]

Komplexere Smart-Contract-Konstrukte können schließlich die Form von Dezentralen Applikationen (DApps), Dezentralen Autonomen Organisationen (DAOs) und ähnlichem annehmen (siehe auch Abschnitt 4.3.1). Ähnlich zur Idee von Ripple, sollen auf Ethereum so z.B. auch dezentrale währungsübergreifende Tauschbörsen möglich sein, d.h. eine DApp, die mithilfe von Smart Contracts funktioniert.[90]

Smart Contracts können also die Vertragssicherheit erhöhen, da es kein Erfüllungsrisiko gibt, und zugleich die Kosten für Transaktionen minimieren. Die prinzipielle Idee von Smart Contracts ist zwar in der Tat nicht ganz neu[91], durch die Implementierung in die Blockchain eröffnet sich für sie indessen nunmehr eine neue Dimension und Tragweite durch die Loslösung von einer zentralen Kontrollinstanz. Dies wird auch eine Umgestaltung des Rechtssystems erfordern (siehe auch Abschnitte 4.2 und 5.5).

3.3.3.2 SMART PROPERTY

Der Übergang von Smart Contracts zu Smart Property gestaltet sich fließend. Man könnte sagen, Smart Property entstünde dann, wenn Smart Contracts direkt mit der physischen Welt in Verbindung stehen.[92] „Physisch" darf hier recht breit aufgefasst werden; so würden beispielsweise digitale Konsumgüter wie Musik, E-Books und Filme genauso darunter fallen. Verwendbar sind für Smart Property allgemein die meisten Güter, physische wie immaterielle, also z.B. auch die Stimme bei Wahlen, Ideen, die Reputation, Gesundheitsdaten, Urheberrechte etc.[93] Bei letzteren existiert beispielsweise durch das „Digital Rights

---

[88] Vgl. Szabo, „Smart Contracts: Building Blocks for Digital Markets".
[89] Vgl. Buterin, „DAOs, DACs, DAs and More".
[90] Vgl. Buterin, „Ethereum Whitepaper".
[91] Vgl. z.B. den 1994 erschienenen Aufsatz Szabo, „Smart Contracts".
[92] Vgl. ebd.
[93] Vgl. Swan, *Blockchain: Blueprint for a New Economy*, S. 13.

Management" (DRM) bereits ein Mechanismus, mittels welchem solche Güter eigenständig Informationen kommunizieren und ihre Eigentümerschaft regeln können.[94]

Smart Property ist eng mit dem „Internet der Dinge" verknüpft (siehe auch Abschnitt 4.4.4): Die Grenze zwischen Computern und anderen Gegenständen verschwimmt. Bisher nur offline existente Güter werden nach und nach an das Internet angeschlossen und nutzbar gemacht (z.b. Kaffeemaschinen, Drucker, Autos oder verfolgbare Paketsendungen) und können folglich wie digitale Vermögenswert verwendet werden.[95] Dies kann mitunter über simple Asset Registry hinausgehen, wobei der Unterschied zwischen Asset Registry und Smart Property sich ferner so beschreiben ließe, dass als Asset Registry in die Blockchain eingetragene Güter nur gehandelt werden können, indem der private Schlüssel der Eintragung bzw. des Gutes transferiert wird. Werden diese dagegen anschließend mittels Smart Contracts vielseitig digital verwendbar gemacht und damit auch direkt auf der Blockchain handelbar, spricht man eher von Smart Property.[96]

Smart Property kann entweder direkt von Menschen gesteuert werden, durch Algorithmen, die Blockchain oder sogar durch künstliche Intelligenz.[97]

3.3.4 AUSBLICK

Ethereum ist kurz gesagt eine Plattform mit eigener Programmiersprache, auf der wiederum weitergehende Projekte und Unternehmen aufbauen. Wo Bitcoin-Entwickler meist noch die Bitcoin-fremde Nutzung der Blockchain kritisieren, ist dies bei Ethereum ausdrücklich erwünscht.[98] Zur besseren Einordnung in den technologischen Kontext siehe auch Abbildung 11.

Decentralized blockchains without smart contract functionality enabled (SCFE)	Decentralized blockchains with smart contracts natively implemented
Bitcoin Litecoin Dogecoin NXT Namecoin (merged mining)	Ethereum Invictus (ProtoShares, BitShares)
Protocols built on top of a blockchain or connected to a ledger	**Non-blockchain distributed consensus network**
Colored Coins Mastercoin Counterparty Open-Transactions	Ripple

Abbildung 11: Technologischer Kontext der Anwendungsbeispiele (Quelle: Swanson, Great Chain of Numbers, S. 102)

Das Projekt ist zwar noch jung und unausgereift, bietet jedoch viel Potenzial und erlangt immer größere öffentliche und mediale Bekanntheit. Das gesteigerte Interesse und Potenzial lässt sich nicht zuletzt auch in den starken Kurssteigerungen der Währung ETH sehen (siehe Abbildung 12). ETH ist damit im

---

[94] Vgl. Glatz, „What's a Smart Contract?"
[95] Vgl. Wright und Filippi, „Decentralized Blockchain Technology and the Rise of Lex Cryptographia", S. 34.
[96] Vgl. Swan, *Blockchain: Blueprint for a New Economy*, S. 14.
[97] Vgl. Wright und Filippi, „Decentralized Blockchain Technology and the Rise of Lex Cryptographia", S. 34.
[98] Eine Liste sämtlicher auf Ethereum laufenden DApps findet sich unter http://dapps.ethercasts.com

Ranking der Kryptowährungen anhand der Marktkapitalisierung zur zweitstärksten direkt nach Bitcoin aufgestiegen, wo es XRP (Ripple) abgelöst hat.[99]

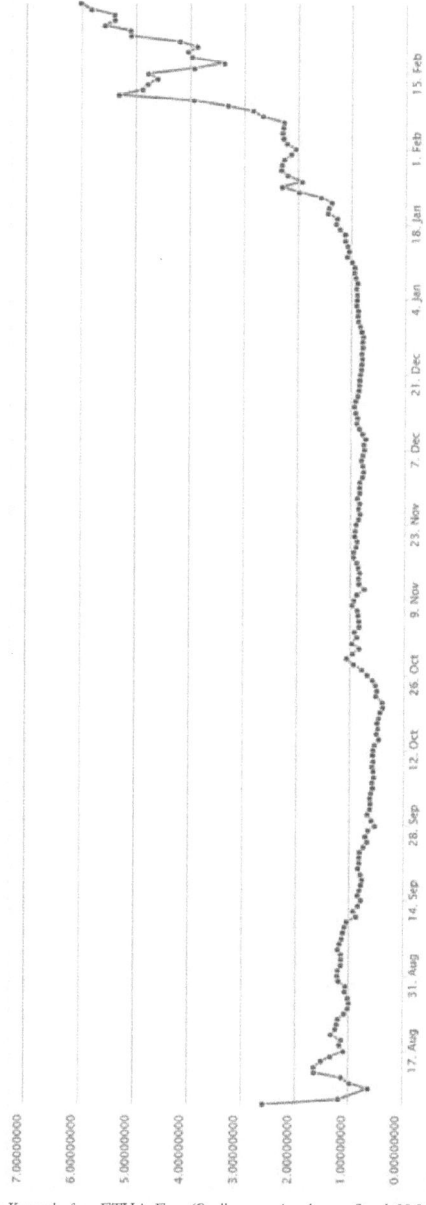

Abbildung 12: Kursverlauf von ETH in Euro (Quelle: www.coingecko.com, Stand: 28.2.2016, 20 Uhr)

---

[99] Für das Ranking vgl. http://coinmarketcap.com (Stand: 27.2.2016, 16 Uhr).

4 DIE BLOCKCHAIN-GESELLSCHAFT

4.1 EINFÜHRUNG: ALLGEMEINE DEZENTRALISIERUNG

Die Blockchain war ursprünglich ein digitaler Tresor allein für Bitcoins. Sie lässt sich aber nun auch als dezentrales Register von beinahe allen erdenklichen Vermögenswerten einsetzen, seien es Grundstücke, Autos oder Aktien. Durch die einfache und sichere Transaktionsfunktion könnte sich damit an vielen Stellen aufwendige Bürokratie einsparen lassen.[100]

Wie in jedem Modernisierungsprozess führt der technische Fortschritt u.a. meist zu einer Verringerung oder gänzlichen Abschaffung der Mittelsmänner, sei es die E-Mail, die die Briefpost enorm reduziert hat, oder der Direktvertrieb vom Hersteller zum Kunden, der über das Internet in vielen Fällen ohne Wiederverkäufer möglich geworden ist. Damit geht insgesamt auch eine Dezentralisierungstendenz einher. In vielen weiteren Feldern könnte die Blockchain für prinzipiell ähnliche Effekte sorgen. Die folgenden Ausführungen sollen – ohne Anspruch auf Vollständigkeit – eine informierte Spekulation über die wichtigsten Auswirkungen in bestimmten Gesellschaftsbereichen sein, wobei die einzelnen Bereiche sich oftmals überlappen und daher nicht strikt voneinander getrennt betrachtet werden sollten.

4.2 REGIERUNGSAUFGABEN UND RECHTSPRECHUNG

Gerade da Regierungen große Machtkonzentrationen darstellen, welche in der Vergangenheit des Öfteren zur Bereicherung einzelner Personen oder Gruppen bzw. zur Durchsetzung verheerender Ideologien missbraucht wurden, könnte die Blockchain allein durch eine Verbesserung der Transparenz viel Positives bewirken. Zu diesem Zweck könnte man die Blockchain zur Sicherung diverser Titel, Landrechte bzw. Grundbücher, Urkunden, Patente oder auch zur Verwaltung von Steuern einsetzen. Die Verwendung von Steuermitteln ließe sich so von jedem nachvollziehen und könnte per Smart Contract an bestimmte Zwecke gebunden sein. Ähnliches könnte im Übrigen auch bei NGOs und Hilfsorganisationen gelten, wo die Mittelverwendungen nicht immer transparent sind. Der Regierungsapparat würde dadurch stark schrumpfen, Korruption und Lobbyismus wären zudem ungemein erschwert.[101]

Praktische Überlegungen gehen heutzutage tatsächlich in diese Richtung, wie das Beispiel Honduras zeigt: Seitens des Asset-Registry-Unternehmens Factom gab es Verlautbarungen, dass es zusammen mit der dortigen Regierung an einer Blockchain-Lösung zur verbesserten, weniger korrumpierbaren Eigentumsdokumentation von Grundstücken in der Schattenwirtschaft arbeite. Allerdings mussten diese Pläne in letzter Zeit mehrmals aus politischen Gründen ausgesetzt werden; ein Erfolg ist ungewiss.[102] In korruptionsgeplagten Ländern könnten solche Projekte in der Tat eine enorme Verbesserung gerade für die arme Schicht darstellen, da es deren Eigentumssicherheit erhöht, was allgemein ja gerade als der größte Garant für Kapitalbildung und Wohlstand angesehen werden kann.[103] Darüber hinaus gibt es noch weitere Blockchain-Projekte von Regierungen: Auf der Isle of Man wird z.B. gemeinsam mit dem Startup Pythia

---

[100] Vgl. Grassegger, „Der digitale Lenin hinter der Blockchain".
[101] Vgl. zu diesem Absatz Bergmann, „Der soziale Wandel durch den Bitcoin ist mit der Abschaffung der Sklaverei zu vergleichen"; Swan, *Blockchain: Blueprint for a New Economy*, S. 45.
[102] Vgl. Rizzo, „Blockchain Land Title Project ‚Stalls' in Honduras".
[103] Vgl. Soto und Cheneval, *Realizing Property Rights*.

an der Schaffung eines Registers als Distributed Ledger aller dort ansässigen Krypto-Unternehmen gearbeitet.[104]

Des Weiteren gibt es Überlegungen, wie mittels Smart Contracts und der Blockchain die Idee eines transparenten und fairen E-Voting-Systems realisiert werden könnte. Bisher scheiterten Online-Voting-Systeme meist an Transparenz und Korrumpierbarkeit, was die Blockchain lösen könnte. Darüber hinaus könnten solche Systeme z.b. ermöglichen, dass ein Politiker einen Haushaltsplan vorschlagen und zur Abstimmung freigeben kann. Ab einer gewissen Zustimmungsrate würde das geplante Budget per Smart Contract dann automatisch dem Ministerium übertragen. Auch könnten Politiker bei Nicht-Erfüllung bestimmter Versprechen oder Vorgaben automatisch ihres Amtes enthoben werden.[105] Blockchain-E-Voting-Anbieter sind beispielsweise BitCongress[106] oder Liquid Democracy[107]. In der Ukraine gibt es z.b. bereits Bestrebungen, für diesen Zweck die Ethereum DApp „E-Vox" zu kreieren und zu nutzen.[108]

Es gibt insgesamt also viele Bereiche einer Regierung, die durch eine Blockchain automatisiert werden könnten. Die Zunahme an Smart Contracts, die viele konventionellen Verträge ersetzen würden, würde zudem dazu führen, dass zur Rechtsdurchsetzung allgemein weniger Personal benötigt würde, da smarte Verträge im Gegensatz zu herkömmlichen semantisch eindeutig sind, sich technisch selbst durchsetzen und so weniger Streitfälle entstehen. Ein Smart Contract kann aufgrund der Dezentralität per Gesetz nicht gestoppt und kaum reguliert werden (siehe auch Abschnitt 5.5). Jedoch würde dies nicht zu Rechtslosigkeit führen, sondern vielmehr zu einem individuelleren, personalisierten und pluralistischen Rechtssystem, wo zwei Parteien sich bei Vertragsschluss ebenfalls auf einen von vielen möglichen rechtlichen Rahmen inklusive Richter für den Streitfall einigen würden. Für viele komplexere Bereiche und über die Möglichkeiten von Smart Contracts hinausgehende Fälle wären jedoch vermutlich nach wie vor Menschen notwendig, also z.B. im Strafrecht. Ein einfaches denkbares Praxisbeispiel, bei dem heutzutage das Rechtssystem noch auf viel menschliche Arbeit angewiesen ist, ist ein Erbfall: Ein Smart Contract kann hier so programmiert werden, dass beim Eintritt des Todes – vom Programm z.B. in einer eigenen Todesanzeigen-Blockchain überprüfbar – oder an einem festen Datum eine Transaktion (von Geld oder Sachwerten) an einen bestimmten Empfänger gesendet wird.[109]

Eines der größten und umfassendsten Governance-Projekte ist das auf Ethereum basierende BitNation[110]: Es werden grenzübergreifende und dezentrale Governance-Services auf freiwilliger Basis angeboten, wie z.B. Eheschließungen (tatsächlich gab es bereits erste Blockchain-Hochzeiten[111]), E-Wahlen, Ausweis-dokumente, Streitschlichtungen, Versicherungspolicen, Reputationssysteme etc.[112] Die Kernidee solcher Projekte besteht darin, das territoriale Monopol von Regierungen aufzulösen und globalen Wettbewerb an deren Dienstleistungen zu schaffen, dazu individualisiert anstatt wie heute üblich als „one-size-fits-all".[113]

---

[104] Vgl. Caffyn, „Isle of Man Trials First Government-Run Blockchain Project".
[105] Vgl. zu diesem Absatz Wright und Filippi, „Decentralized Blockchain Technology and the Rise of Lex Cryptographia", S. 39.
[106] http://www.bitcongress.org
[107] http://liquidfeedback.org
[108] Vgl. o.V., „Elections in Ukraine May Run on Ethereum's Blockchain".
[109] Vgl zu diesem Absatz Swan, *Blockchain: Blueprint for a New Economy*, S. 17.
[110] https://bitnation.co
[111] Vgl. hierzu Swan, *Blockchain: Blueprint for a New Economy*, S. 46.
[112] Vgl. König, *A Beginner's Guide to Bitcoin and Austrian Economics*, S. 160f.
[113] Vgl. Swan, *Blockchain: Blueprint for a New Economy*, S. 47.

Hoch-spekulativ aber nicht unplausibel wäre ebenso ein techno-demokratisches System, in dem Dezentrale Autonome Organisationen (DAOs, siehe Abschnitt 4.3.1) Regierungen komplett ersetzen würden. Gemeinschaften könnten so territorial ungebunden ihr eigenes Regierungssystem gründen oder sich derjenigen DAO anschließen, die die für sie besten Gesetze, Steuern und andere Regeln – sprich Verfassung – beinhaltet. Diese werden durch Algorithmen und Smart Contracts durchgesetzt, auf die sich alle Mitglieder geeinigt haben.[114] Darüber hinausgehende Spekulationen über Regierungsformen, z.B. über „Futarchy" oder „Algorithmic Governance", finden sich bei Wright und Filippi, „Decentralized Blockchain Technology and the Rise of Lex Cryptographia", S. 40ff und Swan, *Blockchain: Blueprint for a New Economy*, S. 50ff.

4.3 DIE BLOCKCHAIN-WIRTSCHAFT

4.3.1 UNTERNEHMEN ALLGEMEIN UND DAOS

E-Voting-Systeme könnten allerdings nicht nur in der Politik, sondern auch bei Unternehmen Einzug finden, deren Aktionäre sich dadurch komfortabler, effizienter und sicherer in das Unternehmen einbringen könnten. Die Börse Nasdaq implementiert z.b. zusammen mit dem estnischen E-Residency-Programm ein solches System für Aktionäre.[115] Mithilfe solcher E-Voting-Systeme könnte z.b. die Jahreshaupt-versammlung der Aktionäre auch virtuell und mit Online-Abstimmungen stattfinden.[116]

Der Aktienhandel könnte ebenfalls über eine Blockchain betrieben werden. Dienstleistungen in diesem Bereich werden z.b. von BitShares[117], Overstock[118] und dem Unternehmen Digital Asset Holdings[119] der bekannten Investmentbankerin Blythe Masters angeboten. Die Australische Börse (ASX) kooperiert mit letzterem und möchte das Settlement so auf die Blockchain auslagern, die elektronische Börse, wo Orders gesetzt werden, aber noch zentral selbst anbieten. Da zumindest das Auditing, Clearing und Settlement nicht mehr durch einzelne zentrale Instanzen geschieht, sondern durch die Knoten per gegenseitiger Bestätigung, würde dies enorme Kosteneinsparungen bringen. Nicht zuletzt könnte damit auch die reguläre Settlement-Periode von ca. 3 Tagen auf Sekundenschnelligkeit gesenkt werden, was Aktien als Asset liquider machen würde.[120] Durch die Blockchain wären zudem *separate* Aktienbörsen nicht mehr nötig, denn es könnte einen Börsen-übergreifenden Handel geben, was u.a. weitere Effizienz-, Liquiditätsvorteile hätte.[121]

Des Weiteren haben alle Unternehmen, die hauptsächlich auf einer Blockchain funktionieren und hierfür eigens eine Cryptowährung geschaffen haben, die Möglichkeit, anstelle von klassischen Unternehmensbeteiligungen Einheiten ihrer Cryptowährung zu veräußern und Käufer so am

---

[114] Vgl. zu diesem Absatz Wright und Filippi, „Decentralized Blockchain Technology and the Rise of Lex Cryptographia", S. 39.
[115] Vgl. Barnes, „Nasdaq extends blockchain innovation with Estonian shareholders".
[116] Vgl. Wright und Filippi, „Decentralized Blockchain Technology and the Rise of Lex Cryptographia", S. 37.
[117] https://bitshares.org
[118] https://t0.com
[119] http://digitalasset.com
[120] Vgl. zu diesem Absatz Lee und Hong, „How Blockchain Tech is About to Transform Sharemarket Trading".
[121] Vgl. Wright und Filippi, „Decentralized Blockchain Technology and the Rise of Lex Cryptographia", S. 28.

Unternehmenserfolg partizipieren zu lassen. Maidsafe und Ethereum haben sich z.B. durch solche Crowd-Sales finanziert.

Eine andere Möglichkeit zur Kapitalgewinnung als durch den Verkauf ihrer Kryptowährung haben Unternehmen bereits heute über Crowdfunding, was durch die Blockchain noch sicherer und günstiger gemacht werden könnte, völlig ohne zentrale Kontrollinstanz, die unliebsame Projekte zensieren könnte. Ein Smart Contract würde hier die Zahlung eines Investors an die Erreichung eines Mindestbetrags binden, ohne die das Geld automatisch nach einer Frist zurückgezahlt würde. [122] Anbieter von Crowdfunding via Blockchain sind z.B. Lighthouse[123] und Weifund[124].

Auch das interne wie externe Rechnungswesen könnte durch die Blockchain mittels der sog. „dreifachen Buchführung" statt der bisher doppelten effizienter und transparenter gestaltet sowie ebenso die Aufgaben von Rechnungsprüfern erheblich reduziert werden. Der geneigte Leser findet weitergehende Ausführungen dazu aus Platzgründen jedoch nicht hier, sondern bei Tyra, „Triple Entry Bookkeeping With Bitcoin".

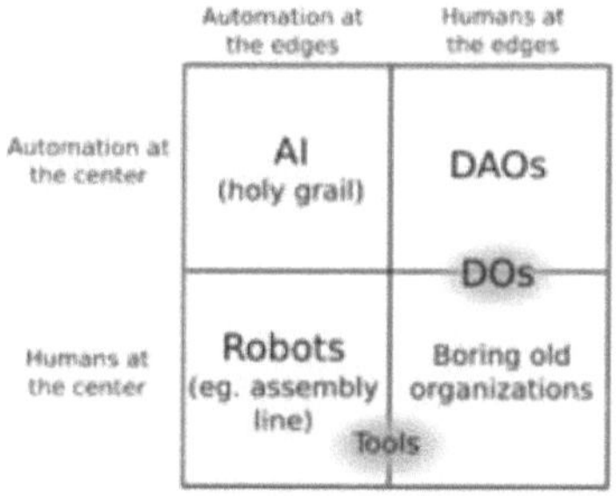

Die wohl größte Neuerung im Bereich der Unternehmen wären sicherlich die sog. „Dezentralen Autonomen Organisationen" (DAO). Ursprünglich aus der Forschung der künstlichen Intelligenz, beschreibt das Konzept im Blockchain-Kontext eine komplexere DApp. Ein dezentralisiertes Netz aus Agenten führt hierbei Aufgaben aus, zu welchen sonst nur zentrale Unternehmen befähigt wären. Die einzelnen Agenten bestehen nicht aus Menschen – diese können aber angestellt sein –, sondern aus Smart Contracts, welche eine Reihe an vorher

Abbildung 13: Einordnung von DAOs (Quelle: Buterin, „DAOs, DACs, DAs and More")

festgelegten Aufgaben entsprechend eingetretener Ereignisse oder bestimmter Bedingungen ausführen. Der Kerngedanke ist hier, dass jedes Unternehmen im Grunde aus einer Reihe von ineinander verketteten Verträgen besteht, vom Gesellschaftsvertrag über Arbeitsverträge und Lieferverträge etc., welche insgesamt durch smarte Verträge ersetzt werden könnten. Solche autonomen Unternehmen könnten die Strukturen von konventionellen physischen Unternehmen nachhaltig verändern und effizienter werden lassen, da viel Verwaltungsaufwand wie Compliance, Versicherung, Versteuerung etc. automatisiert oder ganz eliminiert würde. DAOs können Ressourcen und Kapital eigenständig verwalten sowie (in Form von Smart Property) handeln und mit Maschinen oder Menschen interagieren, z.B. um sie als Arbeitskraft einzustellen. Auch wären solche Organisationen nicht in erster Linie an lokale Standorte und Jurisdiktionen gebunden, sondern primär global im Netzwerk der Blockchain verteilt. Solange zwar einzelne Bereiche des Unternehmens durch die Blockchain dezentralisiert sind, die Entscheidungen des

---

[122] Vgl. zu diesem Absastz o.V., „The great chain of being sure about things".
[123] http://www.vinumeris.com/lighthouse
[124] http://weifund.io

Unternehmens aber noch von Menschen getroffen werden, spricht man von DOs (Dezentralen Organisationen). Bitcoin und Namecoin könnte man als noch eingeschränkte DAO-Vorläufer ansehen.[125]

4.3.2 GELD, WÄHRUNGEN UND BANKING

4.3.2.1 GELD ALLGEMEIN

Folgender Grundgedanke könnte für die Dezentralisierungstendenz durch die Blockchain (de)zentral sein: Wenn Geld Macht ist und das Geldsystem gleichzeitig komplett von einer zentralen Institution – der Zentralbank – gesteuert wird, dann ließe sich ein Teil dieser Macht, wie schon durch Bitcoin geschehen, mit der Blockchain transparenter und durch den einzelnen beeinflussbarer machen. Durch Bitcoin wurde es schließlich zwei Parteien erstmal ermöglicht, ohne gegenseitiges Vertrauen und ohne eine zentrale Vertrauen schaffende Instanz digitale Vermögenswerte zu tauschen.[126]

4.3.2.2 WÄHRUNGEN

Digitale Währungen sind sicher die bislang reifste und bewährteste Anwendung der Blockchain. Neben Bitcoin existieren derzeit rund 700 alternative Kryptowährungen.[127] Trotzdem ist es unwahrscheinlich, dass diese kurz- und mittelfristig herkömmliche Fiat-Währungen als gesetzliches Zahlungsmittel ganz ersetzen werden. Eine fest etablierte Kryptowährung würde selbstverständlich Zentralbanken unnötig werden lassen. Regierungen und Zentralbanken lehnten bislang aber eher ab, Wettbewerb auf dem Geldmarkt zuzulassen, u.a. da die Regulierung und Kontrolle von Kryptowährungen fast unmöglich ist und der Preis der Währungen noch zu volatil, um Geldwertstabilität sowie eine genaue Wirtschaftsrechnung zu ermöglichen. Als Parallelwährung sind Kryptowährungen dagegen bereits heute beliebt, nicht nur im „Darknet", dem Schwarzmarkt des Internets, sondern z.B. auch für internationale Online-Zahlungen zwischen Privatpersonen, als erhoffter Inflationsschutz ähnlich zu Edelmetallen, zur Währungsdiversifikation und um sich von (Zentral-)Banken und deren Politik unabhängiger zu machen, etc.[128] Beispielsweise lassen sich schon jetzt mittels Bitcoin die Gefahren durch willkürliches Einfrieren von Bankkonten vermindern, wie bei der argentinischen Bank Corralito im Jahr 2001 geschehen.[129]

Wo herkömmliches Fiat-Bargeld bislang noch nicht durch Kryptowährungen ersetzbar ist, können diese dennoch als das Bargeld des Internets angesehen werden, analog zum eingangs erwähnten visionären Zitat Milton Friedmans, denn sie erfüllen die maßgeblichen Eigenschaften[130] von Bargeld:

- Leichte Übertragbarkeit
- Inhärenter Wert ohne Deckungsbedarf Dritter
- Kopierschutz
- Leichte Bedienbarkeit
- Anonymität (bzw. Pseudonymität)

---

[125] Vgl. zu diesem Absatz Swan, *Blockchain: Blueprint for a New Economy*, S. 24f; Buterin, „DAOs, DACs, DAs and More".
[126] Vgl. Roßbach, „Blockchain-Technologien und ihre Implikationen, Teil 1", S. 6.
[127] Quelle: https://en.wikipedia.org/wiki/List_of_cryptocurrencies (Stand: 2.1.2016, 13 Uhr).
[128] Vgl. zu diesem Absatz auch Euro Banking Association, „Cryptotechnologies", S. 6f.
[129] Vgl. König, *A Beginner's Guide to Bitcoin and Austrian Economics*, S. 23.
[130] Vgl. hierzu Schwill, „Elektronisches Bezahlen II - digitales Bargeld".

Darüber hinaus gibt es Versuche im Bereich des Asset-Centric, dieses digitale Bargeld mit physischen Werten zu hinterlegen. Nach dem Prinzip der Colored Coins (siehe auch Abschnitt 3.2.1) würden Einheiten bestimmter Kryptowährungen „markiert" und somit als digitale Repräsentation oder Zertifikat von z.B. Edelmetallen fungieren sowie idealerweise auch eine Einlösegarantie eines Unternehmens beinhalten. Die Befürworter des Goldstandards könnten sich einen solchen so digital leicht selbst realisieren und für Akzeptanz werben.[131] Neben der leichten Handelbarkeit des Edelmetalls wäre ein entscheidender Vorteil hiervon, dass der Wert der entsprechenden Kryptowährung durch die Goldanbindung stabilisiert würde und mit der vergleichsweise geringen Volatilität von Gold schwanken würde. Das Londoner Unternehmen Real Asset Co.[132] versucht beispielsweise, diese Idee umzusetzen.

Eine andere Initiative betrifft eine ganze Landeswährung: Die philippinische Regierung versucht mit dem E-Peso[133], den philippinischen Peso auf die Blockchain zu verlegen und zum gesetzlichen Zahlungsmittel zu erklären. Dies soll digitale Überweisungen vereinfachen, da bislang noch ca. 90% der Zahlungen dort in Bargeld ablaufen. Mit einer ähnlichen Idee ist auch die tunesische Regierung bereits weit fortgeschritten: Gemeinsam mit dem Schweizer Startup Monetas soll dort deren bereits bestehende digitale Währung eDinar komplett durch eine Blockchain-Variante ersetzt werden, mit der besonders günstige Überweisungen möglich seien.[134] Außerdem bietet die isländische Regierung aufgrund des dortigen Bitcoin-Verbots bereits seit 2014 seinen Bürgern mit Auroracoin[135] eine eigene offizielle Kryptowährung.

Im Bereich des Giralgelds und der Bankenwelt herrscht allerdings inzwischen bereits größere Akzeptanz von und verstärktes Interesse an Kryptowährungen, welche dort durch die Blockchain unter anderem zahlreiche Effizienzmaßnahmen ermöglichen könnten.

4.3.2.3 BANKING UND FINANZMÄRKTE

Als Kerninnovation der Blockchain dreht sich im Finanzsektor im Grunde alles um Zahlungen ohne Mittelsmänner. Diese Mittelsmänner – Banken, zentrale Zahlungssysteme und Zahlungsdienstleister wie PayPal, Visa uvm. – sorgten bisher für Vertrauen und Sicherheit bei Geldtransfers im Internet, denn beides ist durch das hohe Maß an übermittelten persönlichen Daten stark vonnöten. Bitcoin und Co. sind einerseits von dieser hohen Datenlast pro Transaktion befreit, andererseits kann eine Blockchain Vertrauen und Sicherheit ermöglichen, ohne auf Intermediäre angewiesen zu sein. Auch die Transaktionskosten sind minimal, wohingegen Visa, Western Union und Co. u.a. aufgrund von teuren Sicherheitsmaßnahmen noch auf sehr hohe Gebühren angewiesen sind.[136]

Die größte Rolle spielen Intermediäre allerdings bei internationalen Interbanken-Zahlungen, wo sie auch ein maßgeblicher Kostentreiber sind. Im Gegensatz zu Unternehmen, die Zahlungen heute in vielen Fällen direkt miteinander abwickeln können, sind bei Banken meist mehrere Intermediäre zwischengeschaltet, wenn diese untereinander Geschäfte machen. Gerade internationale Finanz- und

---

[131] Vgl. zu diesem Absatz Polleit, „How the Blockchain and Gold Can Work Together".
[132] http://therealasset.co.uk
[133] http://e-peso.ph
[134] Vgl. o.V., „Tunisia To Replace eDinar With Blockchain-Based Currency".
[135] http://auroracoin.is
[136] Vgl. zu diesem Absatz Grassegger, „Der digitale Lenin hinter der Blockchain".

Wertpapiertransaktionen müssen oft lange Wege über andere Banken, die ein Korrespondenzverhältnis zu einer Bank des Ziellandes pflegen, und nationale Clearingstellen, wie z.b. Fedwire, gehen.[137] Solche Intermediäre geraten nicht zuletzt durch die Blockchain zunehmend unter Druck und der gesamte Finanzsektor liebäugelt inzwischen mit dieser Technologie. Wo herkömmliche Banküberweisungen nämlich noch mehrere Tage dauern, erledigen Blockchain-Varianten dies in wenigen Sekunden bis Minuten, weshalb sich viele Banken auch einen Geschwindigkeitsvorteil durch eigene Blockchain-Lösungen erhoffen. Darüber hinaus können Überweisungen per Blockchain insgesamt mit einem Bruchteil der Bank-üblichen Transaktionskosten erfolgen und dies je nach Blockchain-Variante gleichzeitig für die Regulierungsbehörden transparenter. In den vergangenen Monaten bis Jahren ist daher ein regelrechter Blockchain-Boom im FinTech-Bereich mit unzähligen Firmengründungen entstanden, aber auch etablierte Finanzinstitute nähern sich der Technologie immer mehr an. Gerade für letztere ist das bereits erwähnte Unternehmen Ripple Labs ein beliebter Partner, welcher Blockchain-Implementierungsmöglichkeiten anbietet, um Transaktionskosten, zeitliche Verzögerung und Kontrahentenrisiko des traditionellen Bankgeschäfts zu reduzieren. So kann Ripple neben seinen Lösungen für Geschäftsbanken auch das Inlandsclearing für Zentralbanken in Echtzeit täglich und sowohl als Netto- wie auch als Bruttoclearing ermöglichen. Zu Regulierungsinstanzen pflegt Ripple zudem ein gutes Verhältnis und schneidet die Architektur seiner Lösungen entsprechend zu, sodass die Compliance im Finanzsektor erleichtert wird. Nicht zuletzt deswegen findet Ripple vermehrt Akzeptanz von Banken und Zahlungsdienstleistern. Die Fidor Bank aus Deutschland setzt es z.B. seit 2004 im Euro/USD-Devisenhandel ein, um dort u.a. für mehr Sicherheit, Liquidität und Kosteneffizienz zu sorgen.[138] Weitere Kunden sind die CBW Bank, Cross River Bank und Earthport, ein großer Zahlungsdienstleister, der gemeinsam mit Ripple effiziente internationale Interbanken-Überweisungen anbietet.[139]

Insbesondere für Banken gilt: Um Angreifbarkeit und Verwundbarkeit zu reduzieren, ist es ratsam, die Macht von einzelnen Menschen über deren System so weit wie möglich zu verringern und durch ein automatisches dezentrales Netz von sich gegenseitig prüfenden Einheiten, d.h. durch verteilte Macht, zu ersetzen, wofür die Blockchain die ideale Technologie liefern könnte.[140]

Für die Banken könnte die Blockchain-Technologie insgesamt sowohl eine Bedrohung als auch ein Gewinn sein, abhängig davon, wie sie damit umgehen: Sie zu bekämpfen könnte den Trend verstärken und die Banken vom Markt verdrängen. Daher empfiehlt ihnen z.B. die Euro Banking Association (EBA) eher, sich die Blockchain zunutze zu machen und damit u.a. ihre Kosten sowie operativen Risiken zu senken und zukünftige Innovationen in diesem Bereich schneller adaptieren zu können, jedoch auf die Gefahr hin, sich strukturell stark ändern und viele Geschäftsbereiche automatisieren zu müssen. Im Bereich des Asset-Centric sieht die EBA im Übrigen die größte Reife und das meiste Potenzial für den Finanzsektor.[141]

---

137 Vgl. zu diesem Absatz Roßbach, „Blockchain-Technologien und ihre Implikationen, Teil 1", S. 1f.
138 Vgl. Euro Banking Association, „Cryptotechnologies", S. 12.
139 Vgl. zu diesem Absatz Swanson, *Consensus-as-a-service*, S. 34.
140 Vgl. Bitfury Group, „Public versus Private Blockchains, Part 1", S. 12.
141 Vgl. Euro Banking Association, „Cryptotechnologies", S. 4.

Die Sorge und das Interesse der Banken lässt sich darüber hinaus wohl am deutlichsten daran sehen, dass sich seit 2014 bereits 42 der weltweit größten und bekanntesten Finanzinstitute im Forschungsunternehmen R3 CEV [142] vereinigt haben, um einen gemeinsamen Branchenstandard für Blockchain-Finanzdienstleistungen zu schaffen. Geplant ist ein verteilter open-source Ledger, den alle Banken gemeinsam nutzen, um das Interbanken-Clearing kostengünstiger und schneller ausführen zu können. [143] Gerade weil die Blockchain ihr gesamtes Potenzial wahrscheinlich erst als Infrastruktur entfalten kann, ist diese Initiative bedeutend. Details oder Ergebnisse sind jedoch noch nicht öffentlich bekannt. [144]

Weiterhin gibt es auch viele Projekte einzelner Institute, so will z.B. die UBS eine auf Smart Contracts aufsetzende Blockchain-Plattform für den Aktienhandel schaffen, mit der eine erhöhte Sicherheit einherginge. Auf einem privaten Ethereum-Fork der UBS wurde außerdem mit sog. „Smart Bonds" experimentiert, d.h. mit per Smart Contracts voll-automatisierten Finanzinstrumenten, z.B. für automatische Zinszahlungen, womit enorme Kosteneinsparungen möglich wären. [145] InnoVentures, der FinTech Investment Fonds der Bank Santander, schätzt des Weiteren, dass im Finanzsektor durch die Blockchain bis zum Jahr 2022 insgesamt Kostensenkungen in Höhe von 20 Milliarden US-Dollar bei Settlement, grenzüberschreitenden Zahlungen sowie Compliance realisierbar wären. [146] Der Investment-Riese Goldman Sachs, neben seiner Beteiligung bei R3 CEV, erklärt ähnlich in einem eigenen Report, dass man sich von der Blockchain-Technologie viel verspreche und Effizienz- sowie Sicherheitsgewinne erwarte. [147] Eine Übersicht über die Projekte einzelner Banken findet sich bei Goel, „Financial Institutions: Blockchain Activity Analysis". Auch im Islamischen Finanzwesen gibt es schon Experimente mit der Blockchain, um diese Sharia-konform zu gestalten, z.B. bei der Islamic Bank of Bitcoin[148].

Laut Tim Swanson, dem Leiter der Marktforschung bei R3 CEV eignen sich speziell Smart Contracts außerdem noch für die folgenden weiteren Finanzanwendungen, auf die hier allerdings nicht genau eingegangen werden kann: Cross-Border Settlement, Crowdfunding, Hedging, Central Clearing, Hypotheken, Kreditbriefe und –derivate und Derivate wie CDO, CLO, CMO, ABS.[149]

In eine gänzliche andere Richtung gehen dagegen vielversprechende Projekte, um diejenige große Gruppe an Menschen zu erreichen, welche aus diversen Gründen entweder keinen oder nur eingeschränkten Zugang zu Finanzdienstleistungen haben. Die Zahl dieser wird weltweit auf 53% der Bevölkerung geschätzt, in den USA auf 7,7%. Meist konzentrieren sich solche Projekte auf Mobile Payments, da mithilfe dieser noch am ehesten technisch unterentwickelte Staaten bzw. Bevölkerungsteile erreicht werden können. In Kenia wird beispielsweise 31% des BIP allein durch Mobiltelefone ausgegeben. [150]

---

[142] http://r3cev.com/

[143] Vgl. Eyers, „R3 CEV says global bank blockchain should be operating within a year".

[144] Vgl. Roßbach, „Blockchain-Technologien und ihre Implikationen, Teil 2", S. 4.

[145] Vgl. Maxim, „UBS Bank Is Experimenting with 'Smart-Bonds' Using the Bitcoin Blockchain".

[146] Vgl. Warner, „The fintech revolution that promises to finish off the big bad banks for good".

[147] Vgl. Perez, „Goldman Sachs: Blockchain is Ready For Centre Stage".

[148] http://ib-bitcoin.com

[149] Vgl. Swanson, *Consensus-as-a-service*, S. 16f.

[150] Vgl. zu diesem Absatz Swan, *Blockchain: Blueprint for a New Economy*, S. 36.

Beispiele solcher Projekte sind NXT2Pay[151], Coins.ph, die Mobile-Wallet von Coinapult[152], Saldo.mx, Monetas[153] und Tembusu[154].

Die Bankenwelt ist im Vergleich zu anderen Industrien bislang kaum umgewälzt oder revolutioniert worden. Da im Finanzbereich zum Teil noch sehr überkommene Technologien und Prozesse vorherrschen, ist davon auszugehen, dass die Blockchain-Technologie hier in Zukunft noch für große Veränderungen sorgen und im FinTech ein dominierendes Thema sein wird.

Ein weiterer großer Vorteil insbesondere der Kryptowährungen ist darüber hinaus die Möglichkeit für Mikrozahlungen. Gerade bei Zahlungen von Beträgen, die Cent-Bruchteile enthalten, ist bisher keine genaue Abrechnung in Fiat-Währungen möglich, sodass entweder erst gesammelt werden muss, bis eine Zahlung möglich bzw. rentabel wird, oder gerundet. Solche Kleinstbeträge fallen beispielsweise bei digitaler Musik, Telefongebühren, Aktienpreisen, Kosten für Werbung, Online-Spielen, oder Paid Content wie Zeitungsartikel etc., an. Kryptowährungen lassen sich nicht nur weiter stückeln als konventionelles Giralgeld, sondern haben auch erheblich geringere Transaktionsgebühren und erlauben Echtzeit-Überweisungen.[155] Dies zusammen ermöglicht einen signifikanten Effizienzgewinn u.a. im E-Commerce und auf vielen Börsen. Micropayment-Dienste mit Kryptowährungen sind z.B. SatoshiPay[156], Paytoshi[157] und ChangeCoin[158].

4.3.3 GESUNDHEITSMARKT

Der Gesundheitsbereich ist ein anderer denkbarer Bereich, worauf sich die Blockchain auswirken könnte. So könnten z.B. Smart Contracts mehr Rechtssicherheit bei Patientenverfügungen und Organspende-Ausweisen geben, diese transparent und digital speichern sowie möglicherweise deren Umsetzung kontrollieren und vor Manipulation und Missbrauch schützen. Damit könnte dem Patientenwillen leichter entsprochen werden und Verstöße dagegen wären besser ersichtlich.[159] Notarielle Aufgaben könnte die Blockchain aber beispielsweise auch bei Versicherungspolicen, Testresultaten, Behandlungsprotokollen und anderem kostengünstig und transparent übernehmen.[160] Das Unternehmen HealthNautica, das sich auf die digitale Speicherung von Patientenakten spezialisiert hat, arbeitet beispielsweise an solch einem Projekt mit Factom zusammen.[161] Möglich wären aufgrund der erhöhten Transparenz zudem ein verbesserter Schutz vor Korruption beim Organhandel und eventuell auch eine effizientere Allokation mit weniger Todesfällen aufgrund von zu langen Wartezeiten.

Allgemein könnte es zahlreiche Vorteile bringen, Gesundheitsdaten auf einer Blockchain zu speichern, sodass diese zwar zu wissenschaftlichen Zwecken analysiert werden könnten, aber dennoch privat bleiben würden. Freiwilliges Bereitstellen der Daten könnte die Blockchain dann auch direkt finanziell entlohnen,

---

[151] http://www.nxt2pay.me
[152] https://coinapult.com
[153] https://monetas.net
[154] http://www.tembusu.sg
[155] Vgl. Bheemaiah, „Block Chain 2.0".
[156] https://satoshipay.io
[157] https://paytoshi.org
[158] https://www.changetip.com
[159] Vgl. zu diesem Absatz auch Swan, *Blockchain: Blueprint for a New Economy*, S. 49f.
[160] Vgl. ebd., S. 60f.
[161] Vgl. http://www.factom.com/healthnautica-factom-announce-partnership (Stand: 28.2.2016, 13 Uhr).

z.B. mittels eigener „Healthcoins". So könnte ein universelles elektronisches System für Patientenakten geschaffen werden, in dem die Daten pseudonym, d.h. auf eine digitale Adresse statt auf Namen, und verschlüsselt, also nur mit einem privaten Schlüssel zugänglich, gespeichert werden, analog zu üblichen Kryptowährungen. Der Patient entscheidet dann selbst, welchen Versicherungen, Ärzten oder Apotheken er Zugriff gewährt. Im heutigen System sind die Datenbanken unterschiedlicher Versicherungen oftmals nicht miteinander kompatibel und können nicht gegenseitig ausgelesen werden, was in einem solchen standardisierten Ledger erheblich effizienter gelöst werden könnte. Ein Projekt mit diesem Ziel ist z.B. Gem[162]. Für eine ausführlichere Beschreibung, wie der Prozess einer Blockchain-gestützten Sicherung von Patientendaten ablaufen könnte, siehe Nichol, „Blockchain Technology: The Solution for Healthcare Interoperability". Sicherlich ist gerade bei sensiblen Gesundheitsdaten das Risiko für die Privatsphäre in einem öffentlichen Ledger groß und muss daher bei der Umsetzung tunlichst berücksichtigt werden.[163] Dennoch kann selbst die Datensicherheit und Privatsphäre von dezentraler Lagerung profitieren, da so der gesamte Datensatz weniger leicht gehackt werden kann als wenn es einen Single Point of Failure gibt. Weiterhin bietet z.B. das Unternehmen Block Verify [164] Blockchain-basierte Maßnahmen gegen Arzneimittelfälschungen an, indem die Verpackung eines Produktes auf einem „Rubbelfeld" mit einem einzigartigen Code markiert ist und mit welchem dieses in der Lieferkette verfolgt werden kann, wodurch Authentizität und Fälschungssicherheit gewährleistet wird. Weitere ebenfalls auf die Verfolgung der Supply Chain abzielende Projekte sind SKUChain [165] und Provenance [166], die ebenfalls im Gesundheitsbereich angewendet werden könnten.

Dort, wo in der medizinischen Forschung Supercomputing benötigt wird, könnte des Weiteren in Zukunft auch auf günstigeres Community Supercomputing per Blockchain gesetzt werden (siehe Abschnitt 4.4.1.2).

Schließlich würde die Blockchain allerdings auch als zusätzliches Backup und Archiv für Virus- und Genbanken oder Saatgut-Tresore dienen können, da ja die Historie der Datenbank auf unbestimmte Zeit abgespeichert wird.[167]

4.3.4 VERSICHERUNGEN

In der Versicherungsbranche oder im InsurTech könnte die Blockchain an mehreren Punkten ansetzen. Zum einen geben Asset-Registry-Unternehmen den Versicherungen mehr Rechtsicherheit, indem z.B., wie im Fall von Everledger, die Eigenschaften, Herkunft, Lokalität und der Eigentümer von Luxusgütern wie Diamanten eindeutig aufgezeichnet und sicher gespeichert werden kann.[168] Andererseits könnten gerade Versicherungskunden dadurch profitieren, dass ihre Policen auf der Blockchain verfügbar gemacht werden würden und so Streitfälle mit der Versicherung über Nachweis und Umfang des Versicherungsschutzes transparenter und günstiger gelöst werden könnten.

---

[162] https://gem.co
[163] Vgl. zu diesem Absatz Swan, *Blockchain: Blueprint for a New Economy*, S. 59f.
[164] http://www.blockverify.io
[165] http://www.skuchain.com
[166] https://www.provenance.org
[167] Vgl. Swan, *Blockchain: Blueprint for a New Economy*, S. 61.
[168] Vgl. Huckstep, „Everledger and provenance through the blockchain".

Noch einen großen Schritt weiter könnte jedoch mit Smart Insurance Contracts gegangen werden: Smart Contracts würden etwa ganze Versicherungspolicen automatisieren. Weder der Versicherer müsste dann im Schadensfall einen Antrag stellen noch die Versicherung diesen erst prüfen, da die Zahlung automatisch getätigt würde. Der Versicherungsfall muss dafür jedoch eindeutig und transparent feststellbar sein, um eine Automatisierung ohne Streitfälle zu ermöglichen. Eine Software-Brücke von der Blockchain zu Daten außerhalb dieser, um Versicherungsfälle überhaupt registrieren zu können, nennt sich allgemein „Oracle". Nicht nur Kosten könnten dramatisch reduziert, sondern auch das Betrugsrisiko, zudem würde die Kundenzufriedenheit steigen. InsurETH [169] bietet z.b. bereits Smarte Flugversicherungen als Ethereum-DApp an, wo bei Flugverspätungen automatisch eine Entschädigungszahlung geleistet wird. Die Daten von Flugverspätungen haben den Vorteil, dass sie öffentlich einseh- und verfügbar und somit unbestritten sind, weshalb sich eine Implementierung in Smart Contracts einfach gestaltet. Bei Autoversicherungen wäre der Trigger-Event des Smart Insurance Contract allerding etwas komplexer einzubetten und könnte möglicherweise über ein an das Internet angeschlossenes (Smart Property) Auto geschehen, das den Unfall oder Einbruch etc. zweifelsfrei dokumentiert (siehe auch Abschnitt 4.4.4). Um das Principal-Agent-Problem[170] bei der anschließenden Reparatur zu lösen, könnte die Versicherung gleichzeitig durch Smart Contracts auch mehr Einfluss auf den Reparaturprozess ausüben und überteuerte Kosten vermeiden. Langfristig könnten so darüber hinaus komplett dezentrale autonome Versicherungsorganisationen (DAOs) entstehen, welche das von mehreren Versicherten eingezahlte Kapital ohne Profit selbständig verwalten und z.B. bei einem langanhaltenden Überschuss auch an die Versicherten anteilig ausschütten könnten.[171]

Ethereum-Gründer Buterin stellt noch weitere Überlegungen über Smart Insurance Contracts an. Demnach ließen sich auch Versicherungen gegen Naturkatastrophen oder Missernte durch Dürreperioden als Finanzderivat bzw. Smart Contract kreieren, die direkt mit öffentlichen Wetterdaten verknüpft seien und bei entsprechenden Ereignissen automatischen Entschädigung zahlen würden.[172] Für detailliertere Ausführungen von Blockchain-Implementierungsmöglichkeiten im Versicherungsmarkt siehe auch Mainelli und Gunten, *Chain of a Lifetime: How Blockchain Technology Might Transform Personal Insurance*.

4.3.5 MARKETING UND WERBUNG

Wenn man sich insbesondere den Online-Werbemarkt ansieht, ergeben sich auch hier Möglichkeiten für die Blockchain-Technologie. Da die Blockchain allgemein für Vertrauen und Sicherheit beim Handel ohne Mittelsmänner sorgt, könnte sich dies auf z.B. zentrale Medienagenturen oder Real-Time-Advertisement (RTA) Börsen wie Google's DoubleClick AdExchange auswirken. Letztere sind Börsen, auf welchen Banner-Werbeplätze in Echtzeit und für jede einzelne Impression, d.h. für jedes einzelne Nutzerprofil, von Werbetreibenden ersteigert werden. Von solchen Börsen gibt es zudem sehr viele voneinander unabhängige. Mittels einer Blockchain-DApp ließe sich dieser Handel einerseits dezentral und sicher, durch Smart Contracts automatisiert sowie mit geringeren Transaktionsgebühren und andererseits Börsen-

---

[169] http://insureth.mkvd.net
[170] D.h. im Gegensatz zur Versicherung hat der Versicherte keinen Anreiz, die Reparaturkosten niedrig zu halten.
[171] Vgl. zu diesem Absatz Huckstep, „What does the future hold for blockchain and insurance?"
[172] Vgl. Buterin, „Ethereum Whitepaper".

übergreifend ausführen.[173] Analog zu anderen Börsen wären diese Börsen dann ebenfalls in die Blockchain integriert. Dies hätte neben Verbesserungen der Sicherheit auch Effizienzgewinne zur Folge.[174] Allerdings müsste die Blockchain enorm skalieren, um auf RTA-Börsen anwendbar zu sein: Diese haben einen Datendurchsatz von 100.000 Transaktionen pro Sekunde oder mehr, was bisherige Blockchain-Varianten in der Praxis bisher noch nicht erreichen (siehe auch Abschnitt 5.2).[175] Außerdem könnten die bereits erwähnten Mikrozahlungen in Kryptowährungen zur Lösung des Werbeblocker-Problems eingesetzt werden, indem Content-Anbieter werbungsscheuen Besuchern individuelle Artikel für Kleinstbeträge werbefrei anbieten, um ihrerseits die Verluste durch entgangene Werbeeinnahmen auszugleichen. Gleichzeitig müsste der Besucher dann nicht fürchten, dass durch seine einzelnen Überweisungen über sein Leseverhalten ein personalisiertes Profil erstellt werden könnte, da Kryptowährungen nahezu anonym verwendet werden können. Ein hierauf spezialisiertes Unternehmen ist SatoshiPay.[176]

Weiterhin könnten Loyalty-Programme, wie Bonuskarten oder Vielfliegerprogramme, z.B. mit Colored Coins funktionieren: Als Bonus für die Loyalität eines Kunden würde dieser eine Menge an Colored Coins erhalten. Dieses mit einer bestimmten Marke gestempelte Geld könnte dann wiederum ausschließlich für Transaktionen bzw. Käufe derselben Marke verwendet werden.[177] Diese Funktionen ließen sich mit Smart Contracts sichern und beliebig erweitern.

4.4 WISSENSCHAFT UND TECHNIK

4.4.1 DECENTRALIZED APPLICATIONS

4.4.1.1 DIE CLOUD IN DER CROWD

Mittels der Blockchain und Plattformen wie Ethereum lassen sich eine Vielzahl von Dezentralen Anwendungen (DApps) kreieren. Auch viele heutige Cloud-Dienste könnten über die Blockchain funktionieren. Cloud-Speicher sind ein solches Beispiel, wofür die Blockchain die passenden Mittel zur Dezentralisierung liefert und gleichzeitig die Sharing Economy vergrößern würde. Anstelle von großen Server-Zentren würden hier Nutzer ihren ungenutzten Festplattenspeicher über das P2P-Netz direkt an andere Nutzer vermieten. Die gespeicherten Daten würden verschlüsselt und verteilt gespeichert und könnten nur vom Mieter entschlüsselt werden. Mietgebühren würden an die Vermieter direkt in Kryptowährungen gezahlt. Für die technischen Details des Ablaufs siehe Buterin, „Ethereum Whitepaper". Wie bei den meisten Blockchain-Anwendungen ergeben sich hieraus neben Sicherheitsvorteilen vor allem erhebliche Kostenvorteile im Vergleich zu zentralisierten Cloud-Speichern.[178] Beispiele für solche Services sind Maidsafe[179] und Storj[180].

---

[173] Vgl. Bains, „5 Ways The Blockchain Will Impact Our Lives Within 5 Years".
[174] Vgl. zu diesem Absatz auch Engroff, „Programmatic Media and the Blockchain"; Swan, *Blockchain: Blueprint for a New Economy*, S. 26.
[175] Vgl. Swan, *Blockchain: Blueprint for a New Economy*, S. 82.
[176] Vgl. zu diesem Absatz Allison, „Blockchain innovator SatoshiPay offers alternative to advertising for web publishers".
[177] Vgl. Engroff, „Programmatic Media and the Blockchain".
[178] Vgl. zu diesem Absatz Buterin, „Ethereum Whitepaper".

Nicht nur Festplattenspeicher lässt sich vermieten, sondern auch Rechenpower. Insbesondere durch Big Data werden die Anforderungen an die Rechenleistung immer größer. Beim Blockchain Community Supercomputing könnte sich jeder Nutzer je nach Bedarf für eigene Projekte Rechenleistung von anderen Nutzern mieten. SETI@home für Teleskopdaten oder Folding@home für Krankheitsforschung erlauben bereits parallele Rechenoperationen auf einem Netz von Heimcomputern, erreichen jedoch noch nicht die Möglichkeiten von Blockchain-Supercomputing, da sie institutionalisiert sind. Community Supercomputing würde Rechenleistung auch für kleinere Projekte zu günstigen Preisen bereitstellen und damit für jeden möglich machen.[181]

An einem solchen Supercomputing-Projekt arbeitet beispielsweise das Unternehmen Zennet[182]. Über eine Vermittlungsplattform finden sich dort Anbieter und Mieter von Rechenleistung. Die Bezahlung der Miete ist an einen Smart Contract auf Blockchain gebunden, welcher überprüft, ob die Rechenleistung korrekt per Virtueller Maschine zur Verfügung gestellt wurde und gibt die Zahlung im Erfolgsfall entsprechend frei. Ähnliche Absichten plus das Anbieten von Cloud-Speicher verfolgt außerdem das Projekt Enigma[183].

4.4.2 DEZENTRALE DATENBANKEN

Mit der Anwendungsbreite der Blockchain-Technologie steigen nichtsdestotrotz auch die Herausforderungen für die IT. Die Blockchain, das Internet der Dinge (IoT, siehe Abschnitt 4.4.4) sowie jede andere Digitalisierung erhöht die anfallende Datenlast und -komplexität immer weiter – auch bekannt als Big Data –, welche bewältigt werden muss. Mit zunehmender Vernetzung der Welt wird auch die Vernetzung von Unternehmen und deren Daten wichtiger. Speziell die Vernetzung und Kompatibilisierung von Datenbanken unterschiedlicher Standards und zwischen Organisationen stellen anspruchsvolle Aufgaben dar. Dieser Prozess ist nicht allein aus Effizienzgründen sinnvoll, sondern gerade für die vielseitigen Einsatzmöglichkeiten der Blockchain in Kombination mit dem Trend des IoT von großer Bedeutung: Wer die Leasingraten nicht bezahlt hat, dessen Auto verweigert automatisch den Dienst. Solche und ähnliche Szenarien erfordern digitale Kooperation.[184] Die Blockchain als besondere dezentrale Datenbank bietet hierfür zusätzlich Absicherung gegen Missbrauch und Manipulation der sensiblen Daten. Sie tendiert durch den Konsensprozess bereits zur Standardisierung und ist in der Regel öffentlich, was sie für die digitale Kooperation prädestiniert. Forscher bei IBM sind der Ansicht, dass eine dezentrale Verwaltung der gewaltigen Datenmenge durch das Internet der Dinge viel eher möglich wäre als eine zentrale, da so die Sicherheit besser gewährleistet werden könnte.[185]

Gäbe es beispielsweise eine universelle Adress-Datenbank, wären Käufer eher geneigt, bei spezialisierten Online-Shops anstatt nur bei z.B. Amazon zu bestellen, da sie dann ja nicht alle Daten erneut manuell

---

[179] Vgl. http://maidsafe.net
[180] Vgl. http://storj.io
[181] Vgl. zu diesem Absatz Swan, *Blockchain: Blueprint for a New Economy*, S. 54f.
[182] http://www.zennet.sc
[183] http://enigma.media.mit.edu
[184] Vgl. zu diesem Absatz Gupta, „Programmable Blockchains in Context: Ethereum' Future".
[185] Vgl. o.V., „The great chain of being sure about things".

eingeben müssten.[186] Wo solche Bestrebungen bisher u.a. aus Datenschutzgründen wohl wenig Anklang gefunden hätten, wäre der Datenschutz mit einer Blockchain vom Käufer leichter zu steuern und überprüfen, da er durch seinen privaten Schlüssel genau entscheiden könnte, wem er seine Daten zur Verfügung stellt und nicht befürchten müsste, seinen Datenschutz durch einen Hack des zentralen Adress-Servers zu riskieren.

Ein ambitioniertes Projekt in diesem Bereich ist BigchainDB[187], eine skalierbare dezentrale Datenbank, welche die Vorzüge von verteilten Datenbanken und der Blockchain vereinigen möchte und sich als komplementär zu Ethereum versteht. Ausgehend von einer verteilten Datenbank wurden schrittweise Blockchain-Merkmale wie Dezentralität und Manipulationsschutz implementiert. Weitere speziell für Big Data wichtige Eigenschaften sind eine hohe Skalierbarkeit sowie Kapazität, erweiterte Sicherheitsfunktionen und eine komfortable Suchfunktion. Nachteile von Blockchains wie hohe Latenzzeiten und niedrige Bandbreite sollen zudem behoben sein (siehe auch Abbildung 14).[188]

	Traditional Blockchain	Traditional Distributed DB	BigchainDB
High Throughput; increases with nodes↑	-	✓	✓
Low Latency	-	✓	✓
High Capacity; increases with nodes↑	-	✓	✓
Rich querying	-	✓	✓
Rich permissioning	-	✓	✓
Decentralized control	✓	-	✓
Immutability	✓	-	✓
Creation & movement of digital assets	✓	-	✓
Event chain structure	Merkle Tree	-	Hash Chain

Abbildung 14: Die BigchainDB im Kontext verteilter Datenbanken (Quelle: McConaghy, De Jonghe, und Marques, „BigchainDB: A Scalable Blockchain Database (DRAFT)", S. 3)

4.4.3 KOMMUNIKATIONSSYSTEME

Moderne Kommunikationssysteme sind der Blutkreislauf einer Gesellschaft. Social Media wie Facebook, Twitter und Co. können politische Revolutionen auslösen, sie bestimmen soziale Normen, Dissidenten und Whistleblower können sich hier Gehör verschaffen und die Welt ist durch Skype und Co. insgesamt ein Stück kleiner geworden. Gerade aber dieses wichtige Organ der Meinungsfreiheit gerät zunehmend unter Druck, vor allem durch Regierungen. Die Blockchain-Technologie könnte hier u.a. helfen, zensurfreie Kanäle bzw. ein weitgehend zensurfreies Internet zu schaffen.

Hierfür ist es u.a. nötig, das Domain Name System (DNS) – quasi das Telefonbuch des Internets – zwar öffentlich, aber nicht von einer zentralen Instanz manipulierbar, zu speichern. Eben dazu ist eine Blockchain prädestiniert, was z.B. das Unternehmen Namecoin[189] erkannt hat und einen Bitcoin-Fork als Domain Name Server verwendet. Bestimmte Top-Level-Domains, die nicht mehr von nationalen

---

[186] Vgl. Gupta, „Programmable Blockchains in Context: Ethereum' Future".
[187] https://www.bigchaindb.com
[188] Vgl zu diesem Absatz Bergmann, „Hyperledger, Bloq und die BigchainDB"; McConaghy, De Jonghe, und Marques, „BigchainDB: A Scalable Blockchain Database (DRAFT)".
[189] https://namecoin.info

Regierungen kontrolliert werden – wie bisher noch bei .com oder .cn –, könnten dann in einem dezentralen DNS-Register gespeichert werden. So gibt es über Namecoin bereits mehrere tausend registrierte Domains, beispielsweise Wikileaks.bit uvm. Auch BitShares arbeitet an einem DNS-Service.[190] Des Weiteren finden sich einige Projekte, die noch weitere Kanäle „blockchainifizieren" wollen:

- Twister[191] bietet eine Microblogging-Plattform ähnlich zu Twitter, aber aufgrund von Blockchain-Speicherung unzensierbar.

- Alexandria[192] schreibt bestimmte Online-Inhalte wie Twitter-Tweets auf die Blockchain, um sie zu archivieren.[193]

- Die John McAfee Swiftmail[194] bietet eine Art verschlüsselten E-Mail-Versand an, wo der Inhalt und die Empfangsbestätigung per Swiftcoin-Transaktion über eine Blockchain abgewickelt werden.

- BitID[195] nutzt Bitcoin-Wallets als Identifikationsmethode mit dem Ziel, dass sich Nutzer auf diversen Internetseiten damit identifizieren und einloggen können, anstatt Quellen wie Facebook oder LinkedIn benutzen zu müssen.

- BitMessage[196] dient als eine Art verschlüsselter Blockchain-SMS-Dienst.

Allerdings könnte die Blockchain nicht nur die Meinungsfreiheit verbessern, sondern auch bei Kommunikationssystemen für Effizienz sorgen. Zum Beispiel: So wie Transaktionsgebühren in der Blockchain dort zur Verhinderung von Spam dienen, könnten Mikrozahlungen analog als Mittel gegen E-Mail-Spamming oder Online-Foren-Spamming etc. eingesetzt werden. Wenn jede Nachricht oder jeder Post einen Cent-Bruchteil kosten würde – was bislang technisch nicht realisierbar war – würde dies reguläre Nutzer kaum beeinträchtigen, hingegen Spamming unrentabel machen.[197]

4.4.4 DAS INTERNET DER DINGE (IOT)

Allgemein hat fast jede Smart Property-Anwendung auch mit dem fortschreitenden Trend des Internet der Dinge (IoT, Internet of Things) zu tun (siehe auch Abschnitt 3.3.3.2). Selbstfahrende Autos, wie sie heute z.B. bereits von Google entwickelt werden, könnten dann als Smart Property auf der Blockchain funktionieren. In Verbindung zu den DAOs ist es vorstellbar, dass dies auch selbstfahrende Taxis hervorbringt, die juristisch sich selbst gehören und durch ihre erwirtschafteten Gewinne für die Wartung selbst sorgen können. Dies kann mithilfe der Blockchain-Technologie, v.a. Maschine-zu-Maschine Smart Contracts, stark erleichtert werden.[198] Aber auch ohne selbstfahrende Taxis könnten milliardenschwere Vermittlungsunternehmen wie Uber durch DApps ersetzt werden, worin sich beispielsweise das Unternehmen La'Zooz[199] versucht.

---

[190] Vgl. zu diesem Absatz Swan, *Blockchain: Blueprint for a New Economy*, S. 31ff.
[191] http://twister.net.co
[192] http://blocktech.com
[193] Vgl. Swan, *Blockchain: Blueprint for a New Economy*, S. 33.
[194] http://www.johnmcafeeswiftmail.com
[195] http://bitid.bitcoin.blue
[196] https://bitmessage.org
[197] Vgl. Wright und Filippi, „Decentralized Blockchain Technology and the Rise of Lex Cryptographia", S. 30f.
[198] Vgl. zu diesem Absatz Grassegger, „Der digitale Lenin hinter der Blockchain".
[199] http://lazooz.org

Ein anderes denkbares Beispiel wären Kaffeemaschinen, die sich selbständig Ersatz von Kaffeekapseln bestellen und über die Blockchain auch gleich bezahlen könnten. Oder ein Kreditunternehmen, das bei einer Autofinanzierung den Eigentumstitel des Fahrzeugs nach vollständiger Kredittilgung automatisch an den Käufer überweist, wobei dies per Smart Contract transparent und günstig überprüft sowie automatisch ausgeführt würde.[200]

Ein heute bereits existierendes Blockchain-Projekt des IoT ist das deutsche Unternehmen Slock.it, das auf der Ethereum-Blockchain registrierte sog. „Smart Locks" anbietet, d.h. intelligente Schlösser an Gegenständen wie Autos oder Türen, die durch Zahlungen in ETH per Smartphone geöffnet werden können. Hierdurch ließe sich u.a. in der Sharing Economy vieles effizienter gestalten.[201] Es könnten also beispielsweise dezentrale Vermittlungsplattformen auf der Blockchain entstehen, ähnlich zu AirBnB oder Carsharing, wo sich die Wohnungen bzw. Autos nur von demjenigen öffnen ließen, der sich die Zugriffsrechte für den entsprechenden Zeitpunkt beim Besitzer erkauft hat, was vom Smart-Property-Gegenstand direkt in der Blockchain ausgelesen würde.[202]

4.5 KUNST, KULTUR, DIGITALE GÜTER UND GEISTIGES EIGENTUM

Auch für Künstler, Grafiker, Schriftsteller und allen mit Interesse am Schutz geistigen Eigentums könnte die Blockchain einige Errungenschaften bringen, die anhand der Musikbranche exemplarisch aufgezeigt werden, jedoch nicht darauf beschränkt sind: Indem die Musikindustrie größtenteils von Mittelsmännern befreit wird könnten Musiker schneller, transparenter und stärker an ihrem eigenen Erfolg beteiligt werden. Eine Musiktauschbörse, auf der mit Bitcoin gezahlt wird und die traditionelle Verkaufswege verkürzen möchte, findet sich z.B. bei BitTunes.[203] Ein anderes Projekt ist das auf Ethereum basierende Ujo[204], wo Musiker ihre Eigentümerschaft sowie die Nutzungsrichtlinien auf die Blockchain laden. Smart Contracts sorgen dann für eine automatische Lizensierung und Erfolgsbeteiligung der Künstler. Ujo soll als kostenfreie Infrastruktur für weitere Projekte dienen. Ein erster Prototyp erschien 2015 mit einem Lied von Grammy-Gewinnerin Imogen Heap.

Eine ähnliche solche Copyright-Datenbank ist die MUSE-Blockchain.[205] Das Projekt PeerTracks[206] basiert auf dieser Blockchain und bietet Musik-Streaming-Dienste und eine Verkaufsplattform an. Beim Streaming wird so abgerechnet, dass im Gegensatz zu heutigen Streaming-Anbietern nur die wirklich gehörten Musiker proportional vergütet werden. Musikern werden Umsatzbeteiligungen von über 90% versprochen. Zudem können Künstler Erfolgsbeteiligungen ihrer Songs in Form von eigenen Kryptowährungen an Fans verkaufen. Dies soll einen besonderen Anreiz für die Entdeckung junger

---

[200] Vgl. Swan, *Blockchain: Blueprint for a New Economy*, S. 14.
[201] Vgl. hierzu Prisco, „Slock.it to Introduce Smart Locks Linked to Smart Ethereum Contracts".
[202] Vgl. o.V., „The great chain of being sure about things".
[203] http://www.bittunes.org
[204] http://www.ujomusic.com
[205] http://museblockchain.com
[206] http://peertracks.com

Talente schaffen. Für die Einhaltung der Copyrights und Lizensierungsrechte sorgen wie bei Ujo Smart Contracts.[207] Ein ähnlicher Streaming-Anbieter ist Resonate[208].

Allgemein könnte man mit Smart Contracts sämtliche Nutzungs- und Urheberrechte viel besser steuern und geistiges Eigentum sowie digitale Güter verlässlich gegen Copyright-Verletzungen schützen. Durch Mikrozahlungen in Kryptowährungen könnten auch geringe Gebühren noch gewinnbringend eingetrieben werden, was zu einem Übergang von einer Gratis-Mentalität im Internet hin zu einer Low-Cost-Mentalität führen könnte, in der Künstler stärker finanziell beteiligt würden.[209]

4.6 BILDUNG

Für Automatisierung und Effizienzverbesserung könnte die Blockchain ebenfalls im Bildungssystem sorgen. Per Smart Contract könnten z.b. erfolgsbasierte Nachhilfe-Verträge geschaffen werden, worin der Nachhilfelehrer automatisch nur dann bezahlt würde, wenn ein bestimmtes Lernziel vom Schüler erreicht wurde. Das Lernziel müsste per DApp mittels eines eindeutigen Tests abgefragt und das Ergebnis auf eine Blockchain hochgeladen werden, anhand derer der Smart Contract die Zahlung auslöst oder unterlässt. An eben solchen Testmethoden und deren Verknüpfung mit der Blockchain forscht z.b. schon der Technologie-Riese Sony. [210] Ähnliches wäre in der Entwicklungshilfe quasi als „P2P-Finanzspritze" möglich, wo ein Sponsor die Bildung ausgewählter Kinder oder Jugendlicher kosteneffizient und an deren Erfolg gekoppelt fördern und überprüfen könnte. Denkbar wäre auch, dass Smart Learning Contracts in Arbeitsverträge integriert würden, um so die Weiterbildung von Mitarbeitern zu incentivieren.[211]

Ebenso wie andere Urkunden ließen sich darüber hinaus per Asset Registry auch Diplome, Zertifikate etc. als Bildungsnachweis transparent in einer Blockchain speichern und vor Fälschung schützen. Das Startup Teachur[212] will diese Dienste anbieten und zusätzlich auch eigene Kurse inklusive Zertifikate kreieren, die dem Niveau von Universitäten entsprächen, aber im Vergleich zu diesen deutlich günstiger wären. Die Software-Ingenieursschule Holberton bietet außerdem bereits zusammen mit dem Asset-Registry-Unternehmen Bitproof Blockchain-notarisierte Abschlusszertifikate an, da diese in der Vergangenheit gelegentlich gefälscht worden sind.[213]

---

[207] Vgl zu diesem Absatz Gottfried, „How ‚the Blockchain' Could Actually Change the Music Industry".
[208] http://resonate.is
[209] Vgl. zu dieem Absatz Wright und Filippi, „Decentralized Blockchain Technology and the Rise of Lex Cryptographia", S. 32f.
[210] Vgl. http://www.sony.net/SonyInfo/News/Press/201602/16-0222E/index.html (Stand: 28.2.2016, 19 Uhr).
[211] Vgl. zu diesem Absatz Swan, *Blockchain: Blueprint for a New Economy*, S. 61f.
[212] http://teachur.co
[213] Vgl. Mok, „How One School is Using Bitcoin Blockchain to Authenticate Degrees".

5 HERAUSFORDERUNGEN UND SCHWÄCHEN

5.1 VOLATILITÄT DER KRYPTOWÄHRUNGEN

Eine so hohe Volatilität wie bei den Kursen von Kryptowährungen findet man bei kaum einem anderen Asset. Manche Beobachter zweifeln daher, ob Blockchains, deren Hauptbestandteil ja in der Regel Kryptowährungen sind, überhaupt eine breite Anwendung in der Wirtschaft finden können, da z.b. Warenpreise im Handel kaum flexibel und in Echtzeit aktualisiert werden könnten bzw. dies teuer wäre. Andernfalls würden aber Möglichkeiten zu Arbitrage durch risikoloses Ausnutzen der Preisunterschiede existieren.[214]

Bei stark steigender Anzahl der Nutzer von Kryptowährungen und damit einem größeren Handelsvolumen ist allerdings davon auszugehen, dass die Volatilität stark zurückgeht und sich der Preis stabilisiert. Mathematisch gesehen führen dann nämlich einzelne (Ver-)Käufe – selbst von großen Summen – nicht mehr zu großen Kursbewegungen, da diese trotzdem nur einen kleinen Teil des Handelsvolumens ausmachen.

Durch Hedging-Kontrakte – im Übrigen auch per Smart Contract realisierbar[215] – könnte man sich außerdem gegen Volatilität absichern. Andere Möglichkeiten der Absicherung sind z.B. Asset-Centric-Anwendungen wie Tether[216], welche den Kurs ihrer eigenen Kryptowährungen an diverse Fiat-Währungen wie den US-Dollar koppeln, indem das Unternehmen dieselbe Menge an USD hält wie es an Einheiten der Kryptowährung herausgibt. Alternativ kann man mit Coinapult[217] den Wert seiner Bitcoins an den Kurs von USD, Euro, Britischem Pfund oder Edelmetallen koppeln lassen: Wer z.B. seine Menge an BTC auf den aktuellen Kurs zu USD einfriert, verfügt immer über 10$ an Bitcoins, unabhängig davon, wie viele Bitcoins dies zum entsprechenden Zeitpunkt darstellt, d.h. die Menge an Bitcoins, über die man verfügt, wird in Echtzeit zum aktuellen Kurs angepasst, sodass sie stets 10$ entspricht.

5.2 SKALIERBARKEIT UND DATA BLOAT DER BLOCKCHAIN

Ähnlich wie der Email-Versand kostenlos ist und daher nicht nur als günstiges Werbewerkzeug erkannt, sondern auch für Spamming missbraucht wurde, sind die Kosten für Transaktionen in der Blockchain verschwindend gering, sodass auch diese – insbesondere Bitcoin – schon heute unter einer zu hohen Datenlast, genannt „Data Bloat", leiden. Die Größe der Bitcoin-Blockchain beträgt mittlerweile beinahe 60GB und täglich kommen ca. 200.000 Transaktionen dazu.[218] Je größer die Blockchain, desto schwieriger und langsamer wird es, diese im Netz zu verteilen. Hier könnten womöglich neue Kompressionsalgorithmen helfen.[219] Auch eine Anhebung der Transaktionsgebühren als Gegenanreiz ist langfristig vorstellbar, jedoch mit dem Risiko, das Problem nur hinauszuzögern.[220] Ein anderer

---

[214] Vgl. zu diesem Absatz Swan, *Blockchain: Blueprint for a New Economy*, S. 6.
[215] Vgl. Buterin, „Ethereum Whitepaper".
[216] https://tether.to
[217] https://coinapult.com
[218] Vgl. https://blockchain.info/de/charts (Stand: 24.2.2016, 16 Uhr).
[219] Vgl. Swan, *Blockchain: Blueprint for a New Economy*, S. 82.
[220] Vgl. Cawrey, „Why New Forms of Spam Could Bloat Bitcoin's Block Chain".

Lösungsansatz namens „Lightning" besteht darin, große Mengen an kleinen Transaktionen auch außerhalb der Blockchain verwalten zu können.[221]

Wo bei Bitcoin zudem aufgrund der Blockgröße nur etwa 7 Transaktionen pro Sekunde machbar sind, haben andere Blockchain-Systeme wie Ethereum und Ripple dieses Problem bereits in Angriff genommen. Angesichts der über 2000-10.000 Visa-Transaktionen pro Sekunde stellt sich jedoch die Frage, ob es überhaupt möglich sein wird, Blockchains auf den Grad von heutigen Zahlungsdienstleistern zu skalieren, ohne dadurch Prinzipien wie Dezentralität zu untergraben.[222] Denn mehr Transaktionen führen dann natürlich auch zu mehr Data Bloat.

Skalierbarkeit ist daher die größte Herausforderung bei der weiteren Blockchain-Entwicklung. Mit der Entwicklung von sog. Sidechains könnte ein wichtiger Beitrag hierzu geleistet werden: Diese sind parallel zur ursprünglichen Blockchain laufende, unabhängige Chains, wo Tokens von der einen zur anderen transferiert werden können. Die Coins könnten so als universelle Währung auf verschiedenen Chains laufen, indem sie jeweils stets auf der einen Kette eingefroren und auf der anderen neu kreiert würden. Über Merged Mining [223] wird die Sidechain von der Ursprungs-Chain gesichert. Neben Sicherheitsgewinnen durch Diversifizierung könnten bestimmte Aufgaben, wie z.B. besonders schnelle oder kleine Transaktionen, an technisch für diese Anforderungen optimierte Sidechains ausgelagert werden. Diese Art von Arbeitsteilung der Blockchain könnte ein Meilenstein für deren Skalierung sein. Das bekannteste Sidechain-Projekt ist Blockstream[224].[225]

5.3 SICHERHEIT UND PRIVATSPHÄRE

Blockchain-Spamming durch viele Transaktionen mit geringen Beträgen kann sogar so weit gehen, dass die gesamte Blockchain dadurch gelähmt und angegriffen wird, was dann auch Denial-of-Service-Attacke (DoS) genannt wird. Dies wurde bereits im Juli 2015 bei Bitcoin versucht.[226] PoS und PoW sind im Übrigen gleichermaßen davon bedroht. Höhere Transaktionskosten könnten somit nicht nur Data Bloat verhindern, sondern auch für mehr Sicherheit sorgen. Allgemein gesagt sind permissionless Blockchains per se weniger anfällig für Angriffe als permissioned Varianten, da jene ja gerade auch auf Situationen ausgelegt sind, in denen sich nicht gegenseitig vertraut wird.[227]

Des Weiteren ist auf längere Sicht mit massentauglichen Quantencomputern zu rechnen, die die Kryptographie von Blockchains in Zugzwang bringen würden. Dies betrifft einerseits die Signierung von Transaktionen und andererseits das Hashing des Proof of Work. Die für die Signatur notwendigen privaten Schlüssel könnten durch Quantenrechner aus den entsprechenden öffentlichen Schlüsseln berechnet werden und die Sicherheit bedrohen. Letztendlich könnte auch die Schwierigkeit der Hashing-Aufgabe um ein Fünftel verringert werden, wodurch die Wahrscheinlichkeit einer 51%-Attacke steigen

---

[221] Vgl. Bitfury Group, „Public versus Private Blockchains, Part 2", S. 13f.
[222] Vgl. zu diesem Absatz Swan, *Blockchain: Blueprint for a New Economy*, S. 81f.
[223] Vgl. zum Konzept des Merged Mining Bitfury Group, „Public versus Private Blockchains, Part 1", S. 15ff.
[224] http://www.blockstream.com/sidechains.pdf
[225] Vgl. zu diesem Absatz Evans, „Sidechains And Lightning, The New New Bitcoin"; Swanson, *Consensus-as-a-service*, S. 46; Bitfury Group, „Public versus Private Blockchains, Part 2", S. 11f.
[226] Vgl. Bitfury Group, „Proof of Stake versus Proof of Work", S. 15.
[227] Vgl. Bitfury Group, „Public versus Private Blockchains, Part 2", S. 16.

würde. Die Blockchain wäre bei einer Einführung von Quantencomputern sicherlich nur einer von vielen Bereichen, für welchen die Kryptographie weitergehende Lösungen entwickeln müsste, allerdings ist davon auszugehen, dass bis dahin noch etliche Jahre an Zeit bleiben werden.[228] Durch das Fehlen einer zentralen Institution und dem Verlassen auf reine Technologie besteht zudem das Risiko verheerender Verluste und Schäden, sollten private Schlüssel gehackt oder durch Unachtsamkeit in die Hände von Dritten gekommen sein. Im heutigen System lässt sich oft durch einen Identitätsnachweis z.b. bei einem E-Mail-Konto noch die Wiederherstellung des Eigentums bzw. Zugangs erreichen, wohingegen es in einer Blockchain-Gesellschaft eine solche zentrale Instanz nicht mehr geben würde. Terroristen könnten sich außerdem im äußersten Fall digitalen Zugang zu Alltagsgegenständen, wie Autos, verschaffen und humanitäre Schäden anrichten.

Je mehr und je länger Blockchains für die Sicherung verschiedenster wertvoller Daten in der Gesellschaft genutzt werden, desto eher wird es außerdem nötig sein, Blockchain-Archivierung im Sinne des Internet Archive[229] zu betreiben, um auch nach mehreren Jahrzehnten noch Daten von längst nicht mehr existierenden Blockchains und mit veralteten Hashing-Algorithmen auslesen zu können.[230]

Da die Blockchain außerdem unveränderbar, meist öffentlich einsehbar und über die gesamte Historie transparent ist, lassen sich Einträge nicht mehr zurücknehmen. Sollte hier also ein Fehler passieren, wodurch sensible oder private Daten versehentlich veröffentlicht würden, gäbe es keine zentrale Instanz, an die man sich zwecks Entfernung wenden könnte. Wo dies bereits allgemein für im Internet veröffentliche Informationen gilt, die in der Regel irreversibel sind, gilt es für die Blockchain im besonderen Maß. Daten über das Privatleben, wie Ehe- und Kontostand, Besitztümer etc. auf der Blockchain zu speichern, kann zwar viele Vorteile haben, allerdings auch eine Bedrohung für die Privatsphäre bergen, wenn diese Daten eindeutig mit der Identität verknüpft sein sollten, ob bewusst geschehen oder indem durch Unachtsamkeit der Bezug zum öffentlichen Schlüssel publiziert wurde.

5.4 TRENNUNG VON EIGENTUM UND TECHNISCHEM BESITZ

Durch Smart Property ergibt sich die Schwierigkeit, dass der *legale* Besitzer und Eigentümer nicht zwangsläufig auch der *technische* Besitzer eines Gutes sein muss sowie umgekehrt. Das heutige Rechtssystem könnte zwar Eigentums- und Besitzrechte verändern, übertragen oder anordnen, das Gut zu beschlagnahmen, jedoch würde dies bei Smart Property ohne Wirkung bleiben, da der Besitz solcher Güter allein durch Code gesteuert wird. Das Rechtssystem verliert so an Verfügungsgewalt und müsste dazu übergehen, Programmcode zu regulieren.[231]

---

[228] Vgl. zu diesem Absatz Cordell, „Quantum Computing Draws Closer; Danger for Bitcoin?"
[229] https://archive.org
[230] Vgl. zu diesem Absatz Swan, *Blockchain: Blueprint for a New Economy*, S. 20f.
[231] Vgl. zu diesem Absatz Wright und Filippi, „Decentralized Blockchain Technology and the Rise of Lex Cryptographia", S. 35.

5.5 REGULIERUNG

Die mangelnde Regulierbarkeit der (permissionless) Blockchain macht sie auch für kriminelle Absichten attraktiv, allerdings bislang größtenteils nur zu finanziellen Zwecken. Z.B. wird im Untergrund-Netzwerk des Internets namens „Dark Web", wo viele illegale Aktivitäten stattfinden, hauptsächlich mit Kryptowährungen bezahlt, ebenso bei Erpressungen mittels Verschlüsselungs-Malware, wo vom Nutzer Zahlungen gegen Entschlüsselung seiner Daten verlangt werden. Auch für Geldwäsche und Steuerhinterziehung lässt sich die Pseudonymität der Kryptowährungen nutzen, was nationale Regulierungsbehörden vor große Herausforderungen stellt.[232]

Ausgeglichen könnte dieser Nachteil eventuell teilweise dadurch werden, dass z.b. bisherige Schwarzmärkte, auf denen Fälschungen von jeglichen Urkunden oder Pässen etc. durch die Blockchain zerstört würden, da durch Blockchain-Registrierungen die Dokumentensicherheit erheblich erhöht und Fälschungen größtenteils verhindert werden können.

Die Schwierigkeit des Rechtssystems, mit der Blockchain-Technologie umzugehen, liegt hauptsächlich darin begründet, dass das heutige System lediglich Regeln festlegt, deren Missachtung im Nachhinein bestraft wird, in der Hoffnung, dass die Kosten dann den Nutzen von Rechtsverletzungen überwiegen und diese damit verhindert werden können. Da die Rechtsdurchsetzung also erst *ex post* erfolgt, kann sich jeder überlegen, ob er sich an die Gesetze oder Verträge hält oder lieber die Bestrafung in Kauf nimmt. Smart Contracts hingegen lassen nicht mehr den Parteien eines Vertrags die Wahl, ob sie sich an die Klauseln halten, sondern setzen dies *ex ante* durch.[233] Das Rechtssystem wird so zunehmend Mühe haben, individuelles Verhalten zu regulieren und stattdessen eher darauf setzen müssen, soziale Normen zu beeinflussen und die Code-Architektur zu regulieren, solange nicht rohe Gewalt wie ISP-Filterung, komplette elektronische Überwachung oder Kriminalisierung von Entwicklern, eingesetzt werden soll. Letzteres wird durch den Umstand erschwert, dass DApps nicht von einem Knoten allein verändert werden können (also durch Anordnung), sondern eine Maßnahme stets im Konsens mit den Nutzern durchgesetzt werden muss.[234] Daher müsste eine Regierung früher ansetzen: Wenn sie z.B. den Waffenbesitz regulieren möchte, könnte sie alle Waffenanbieter dazu zwingen, einen bestimmten Smart Contract mit den Waffen zu verbinden, der deren Gebrauch nur von Personen mit einwandfreiem polizeilichem Führungszeugnis zulässt.[235]

Bei DAOs gibt es außerdem Schwierigkeiten bei der Frage der Haftung: Wenn durch die Organisation Schäden unmittelbar entstehen, wer ist dann zur Rechenschaft zu ziehen, da ja kein Individuum oder Gruppe allein für die Organisation verantwortlich ist? Mögliche Vorschläge hierfür sind, den oder die Entwickler – sofern existent und bekannt – für vorhersehbare Schäden finanziell haftbar zu machen oder aber die Nutzer selbst. Keines von beiden kann jedoch in der Praxis als optimal oder unproblematisch betrachtet werden.[236]

---

[232] Vgl. ebd., S. 56.
[233] Vgl. zu diesem Absatz ebd., S. 26.
[234] Vgl. zu diesem Absatz ebd., S. 56f.
[235] Vgl. ebd., S. 36.
[236] Vgl. zu diesem Absatz ebd., S. 54ff.

5.6 TECHNOKRATIE

Durch die starke dezentralisierte Automatisierung vieler Lebensbereiche sowie der Regierung besteht jedoch die Gefahr, dass die Entwicklung nicht wie gewünscht in mehr Freiheit und Autonomie endet, sondern in einer modernen Technokratie, wo Menschen nur noch wenig Wahl gelassen wird, wie sie sich verhalten. Gerade wenn Entscheidungen getroffen werden sollten, die vom Algorithmus als nicht sinnvoll beurteilt wurden, könnte dieser das Ruder übernehmen und das Leben der Menschen „optimieren". Wenn beispielsweise jemand sich eine Diät eingeplant hat, könnte dieser vom Algorithmus daran gehindert werden, bestimmte Lebensmittel zu kaufen, bis ein bestimmtes Gewicht erreicht wurde, was in vielen Fällen mit einer gnadenlosen Tyrannei vergleichbar wäre (von den verheerenden Auswirkungen fehlerhafter oder unbefugter Eingaben ganz zu schweigen). Menschen wären ergo nur noch insofern frei, als sie sich zu Beginn noch selbst für Ziele und Regeln entscheiden könnten, jedoch anschließend an jeder Abweichung unabwendbar vom Smart Contract gehindert würden.[237]

5.7 EIGNUNG DER BLOCKCHAIN FÜR ALLE ZWECKE?

Sicherlich kann die Blockchain trotz ihrer Innovationskraft und Anwendungsbreite nicht für jeden Zweck und in jedem Bereich sinnvoll eingesetzt werden. Die Kunst besteht darin, geeignete Anwendungsgebiete richtig zu erkennen, indem man die ökonomischen Gegebenheiten der Gebiete aufschlüsselt. Blockchains sind darauf ausgelegt, Double-Spending-Probleme zu lösen und können somit nur in Kontexten Anwendung finden, wo solche Probleme bei einer Dezentralisierung zumindest im Hintergrund auftreten würden. Viele Prozesse könnten auch allein durch klassische Technologien wie Cloud-Dienste oder verteilte Systeme ausreichend optimiert werden, ohne eine Blockchain zu benötigen. Jedoch sind zum heutigen Zeitpunkt mit Sicherheit noch nicht alle Möglichkeiten von Blockchains bekannt und werden erst in der Zukunft entdeckt werden, wodurch sich die Einsatzbereiche wahrscheinlich langsam immer weiter vergrößern würden. Weiterhin wird aller Wahrscheinlichkeit nach nicht das Bedürfnis der Gesellschaft nach einer vollständigen Ökonomisierung und damit Quantifizierung jeden Aspektes erwachsen, selbst wenn dies möglich wäre, was wiederum die Anwendung der Blockchain einschränkt.[238]

---

[237] Vgl. zu diesem Absatz ebd., S. 42f.
[238] Vgl. zu diesem Absatz Swan, *Blockchain: Blueprint for a New Economy*, S. 65f.

6 SCHLUSSBETRACHTUNG UND AUSBLICK

Die Blockchain-Technologie ist ein neuer Zweig der IT mit revolutionärem Potenzial. Sie bietet eine dezentrale Infrastruktur, die sich für viele denkbare Anwendungen eignet. So wie das Internet den Austausch von *Informationen* dezentralisiert hat, ermöglicht die Blockchain den dezentralen Austausch von *Werten*. Abbildung 15 gibt eine Zusammenfassung dieser Werte und Anwendungsmöglichkeiten.

Class	Examples
General	Escrow transactions, bonded contracts, third-party arbitration, multiparty signature transactions
Financial transactions	Stock, private equity, crowdfunding, bonds, mutual funds, derivatives, annuities, pensions
Public records	Land and property titles, vehicle registrations, business licenses, marriage certificates, death certificates
Identification	Driver's licenses, identity cards, passports, voter registrations
Private records	IOUs, loans, contracts, bets, signatures, wills, trusts, escrows
Attestation	Proof of insurance, proof of ownership, notarized documents
Physical asset keys	Home, hotel rooms, rental cars, automobile access
Intangible assets	Patents, trademarks, copyrights, reservations, domain names

Abbildung 15: Anwendungsbeispiele der Blockchain (Quelle: Swan, Blockchain: Blueprint for a New Economy, S. 10)

Smart Contracts und Smart Property könnten sich dabei stark auf den Bereich traditioneller notarieller Aufgaben und die beispielsweise der Gerichtsvollzieher und Treuhänder auswirken. Das staatliche Justizsystem könnte um einige Aufgaben schlanker und transparenter gemacht werden, sollten in Zukunft vermehrt Programme statt Personen die Gesetzes- und Vertragstreue kontrollieren können, indem sie beispielsweise Verträge mithilfe der dezentralen und universellen smarten Blockchain-Datenbank in Echtzeit überprüfen würden.[239] Dies bringt natürlich enorme Kostenvorteile und Effizienzsteigerungen mit sich, da die Kosten für die Durchsetzung der Verträge marginal werden. Durch das erheblich verminderte Betrugsrisiko sinken darüber hinaus auch die Versicherungskosten.

Den Finanzsektor wird die Blockchain insgesamt wohl am unmittelbarsten und nachhaltigsten verändern. Durch eine verbesserte Intra- und Interbanken-Infrastruktur lassen sich hier signifikante Risiken und Kosten reduzieren, wodurch viele der heutigen Intermediäre obsolet würden.[240]

Die Blockchain-Technologie ist noch frisch und wird daher erst recht stetig weiterentwickelt und verbessert werden müssen. Sowohl andere technologische Innovationen, wie z.B. das Quantencomputing, die ein Sicherheits-Upgrade der Protokolle nötig machen können, als auch gesetzliche Regulierungen werden eine Anpassung erfordern.[241] Bei den technischen Entwicklungen sind besonders Sidechains (siehe auch Abschnitt 5.2) vielversprechend – sofern sie trotz ihrer Schwierigkeiten technisch marktreif werden sollen –, da durch diese die Blockchains interoperabel und deutlich höher skalierbar gemacht würden.

Aber auch bezüglich der Consensus-Mechanismen steht womöglich eine interessante Entwicklung bevor: Letztendlich wird die Gesellschaft entscheiden, was ihnen Dezentralisierung als Prinzip wert ist. Das

---

[239] Vgl. Rath, „‚Smart Contracts' und das Blockchain-Prinzip. Das Ende der Juristen?".
[240] Vgl. Roßbach, „Blockchain-Technologien und ihre Implikationen, Teil 2", S. 7.
[241] Vgl. ebd., S. 7f.

bewährte, aber teure PoW ist in Sachen Effizienz, Skalierbarkeit und Nachhaltigkeit dem PoS und dem Byzantinischen Konsens deutlich unterlegen. Solange es noch keine sichere PoS-Variante oder eine vollständig dezentralisierte Ripple-Blockchain gibt, muss sich die Gesellschaft zwischen Kosteneffizienz und Dezentralisierung entscheiden. Die vielen Vorteile von dezentralen System sprechen dafür, dass gewisse Kosten dafür in Kauf genommen werden könnten und dezentrale Blockchain-Ansätze weiterhin an Bedeutung gewinnen werden.[242]

Damit die Blockchain allgemeine Akzeptanz findet, wird es nicht nur Zeit brauchen, sondern auch einen Wandel im Denken über die Rolle des Rechts in Bezug auf die Frage, auf welche Weise Individuen und Gesellschaften reguliert werden sollten, um mit den Neuerungen der Blockchain umgehen zu können.[243]

Es erscheint indessen fraglich, ob traditionelle Regierungsstrukturen im Gegensatz zu Bereichen wie Finanzen, IT und Kultur wirklich durch die Blockchain und DAOs reformiert werden können, da dies zusätzlich ein politisches Umdenken der Gesellschaft in Richtung individueller Freiheit, Verantwortung, Autonomie und dezentraler politischer Autorität erfordert.[244]

Eventuelle Fehler, Schwachstellen oder Verluste sind in jedem innovativen Entdeckungsprozess unvermeidbar, was daher nicht grundsätzlich gegen die Technologie spricht. Allgemein lässt sich für die Blockchain-Technologie jedoch positiv verbuchen, dass es in der Geschichte häufig der Fall war, dass neue technologische Grundsteine verfügbar waren, noch lange bevor Anwendungen und Prozesse erfunden wurden, in denen jene dann schließlich bestmöglich genutzt werden konnten; so geschehen beim Internet oder auch beim Elektromotor, der zuerst eine Weiterentwicklung des Prinzips der Dampfmaschine war.[245] So wie diese Erfindungen großartige Entwicklungen noch viele Jahre später ermöglicht haben, die man zu Beginn kaum hätte abschätzen können, sind die Möglichkeiten auch bei der Blockchain-Technologie imposant und gehen womöglich noch über das hier Beschriebene hinaus. Es bleibt also abzuwarten.

---

[242] Vgl. zu diesem Absatz Buterin, „On Stake".
[243] Vgl. Wright und Filippi, „Decentralized Blockchain Technology and the Rise of Lex Cryptographia", S. 44.
[244] Vgl. Swan, *Blockchain: Blueprint for a New Economy*, S. 52.
[245] Vgl. o.V., „The great chain of being sure about things".

LITERATURVERZEICHNIS

Allison, Ian. „Blockchain innovator SatoshiPay offers alternative to advertising for web publishers". *International Business Times*, 2016. http://www.ibtimes.co.uk/blockchain-innovator-satoshipay-offers-alternative-advertising-web-publishers-1541269

Bains, Pavel. „5 Ways The Blockchain Will Impact Our Lives Within 5 Years". *Bluzelle*, 2015. http://bluzelle.com/5-ways-the-blockchain-can-impact-our-lives-within-5-years/

Barnes, Dan. „Nasdaq extends blockchain innovation with Estonian shareholders". *Banking Technology*, 2016. http://www.bankingtech.com/436272/nasdaq-extends-blockchain-innovation-with-estonian-shareholders/

Bergmann, Christoph. „Der soziale Wandel durch den Bitcoin ist mit der Abschaffung der Sklaverei zu vergleichen". *Bitcoin Blog*, 2015. http://bitcoinblog.de/2015/12/15/der-soziale-wandel-durch-den-bitcoin-ist-mit-der-abschaffung-der-sklaverei-zu-vergleichen/

———. „Hyperledger, Bloq und die BigchainDB". *Bitcoin Blog*, 2016. http://bitcoinblog.de/2016/02/15/hyperledger-bloq-und-die-bigchaindb/

Bheemaiah, Kariappa. „Block Chain 2.0: The Renaissance of Money". *Wired*, 2015. http://www.wired.com/insights/2015/01/block-chain-2-0/

Bitfury Group. „Proof of Stake versus Proof of Work", 2015. http://bitfury.com/content/5-white-papers-research/pos-vs-pow-1.0.2.pdf

———. „Public versus Private Blockchains. Part 1: Permissioned Blockchains", 20. Oktober 2015. http://bitfury.com/content/4-white-papers-research/public-vs-private-pt1-1.pdf

———. „Public versus Private Blockchains. Part 2: Permissionless Blockchains", 20. Oktober 2015. http://bitfury.com/content/5-white-papers-research/public-vs-private-pt2-1.pdf

Bohm, Paul. „Bitcoin's Value is Decentralization". *Paul Bohm's Blog*, 2011. http://paulbohm.com/articles/bitcoins-value-is-decentralization/

Brown, Ariella. „10 things you need to know about Ripple". *CoinDesk*, 2013. http://www.coindesk.com/10-things-you-need-to-know-about-ripple/

Buterin, Vitalik. „A Next-Generation Smart Contract and Decentralized Application Platform - Ethereum Whitepaper", 2014. https://github.com/ethereum/wiki/wiki/White-Paper

———. „DAOs, DACs, DAs and More: An Incomplete Terminology Guide", 6. Mai 2014. https://blog.ethereum.org/2014/05/06/daos-dacs-das-and-more-an-incomplete-terminology-guide/

———. „On Stake". *Ethereum Blog*, 2014. https://blog.ethereum.org/2014/07/05/stake/

Caffyn, Grace. „Isle of Man Trials First Government-Run Blockchain Project". *CoinDesk*, 2015. http://www.coindesk.com/isle-of-man-trials-first-government-run-blockchain-project/

Cawrey, Daniel. „Why New Forms of Spam Could Bloat Bitcoin's Block Chain". *CoinDesk*, 2014. http://www.coindesk.com/new-forms-spam-bloat-bitcoins-block-chain/

Cordell, Drew. „Quantum Computing Draws Closer; Danger for Bitcoin?" *Bitcoinist*, 2015. http://bitcoinist.net/quantum-computing-draws-closer-danger-bitcoin/

Engroff, Josh. „Programmatic Media and the Blockchain". *Mediapost*, 2015.
http://www.mediapost.com/publications/article/263126/programmatic-media-and-the-blockchain.html

Euro Banking Association. „Cryptotechnologies, a major IT innovation and catalyst for change", 11. Mai 2015. http://www.abe-eba.eu/downloads/knowledge-and-research/EBA_20150511_EBA_Cryptotechnologies_a_major_IT_innovation_v1_0.pdf

Evans, John. „Sidechains And Lightning, The New New Bitcoin". *TechCrunch*, 2015.
http://techcrunch.com/2015/06/13/down-the-blockchain-rabbit-hole/

Eyers, James. „R3 CEV says global bank blockchain should be operating within a year". *The Sydney Morning Herald*, 2015. http://www.smh.com.au/business/banking-and-finance/r3-cev-says-global-bank-blockchain-should-be-operating-within-a-year-20151206-glgyvv.html

Glatz, Florian. „What's a Smart Contract? In search of a consensus". *Medium*, 2014.
https://medium.com/@heckerhut/whats-a-smart-contract-in-search-of-a-consensus-c268c830a8ad

Goel, Amit. „Financial Institutions: Blockchain Activity Analysis". *Let's Talk Payments*, 2015.
http://letstalkpayments.com/financial-institutions-blockchain-activity-analysis/

Gottfried, Gideon. „How ‚the Blockchain' Could Actually Change the Music Industry". *Billboard*, 2015.
http://www.billboard.com/articles/business/6655915/how-the-blockchain-could-actually-change-the-music-industry

Grassegger, Hans. „Der digitale Lenin hinter der Blockchain". *Capital*, Nr. 01/2016 (2015): 62–73

Gupta, Vinay. „Programmable Blockchains in Context: Ethereum' Future". *Medium*, 21. Oktober 2015.
https://medium.com/@ConsenSys/programmable-blockchains-in-context-ethereum-s-future-cd8451eb421e

Huckstep, Rick. „Everledger and provenance through the blockchain". *BankNXT*, 2015.
http://banknxt.com/52323/everledger/

———. „What does the future hold for blockchain and insurance?" *Daily Fintech*, 2016.
http://dailyfintech.com/2016/01/14/what-does-the-future-hold-for-blockchain-and-insurance/

Kim, Joyce. „Safety, liveness and fault tolerance - the consensus choices". *Stellar Blog*, 2014.
https://www.stellar.org/blog/safety_liveness_and_fault_tolerance_consensus_choice/

König, Aaron. *A Beginner's Guide to Bitcoin and Austrian Economics*. 1. Aufl. FinanzBuch Verlag, 2016

Lee, Adrian, und KiHoon Hong. „How Blockchain Tech is About to Transform Sharemarket Trading".
CoinDesk, 2016. http://www.coindesk.com/how-blockchain-technology-is-about-to-transform-sharemarket-trading/

Mainelli, Michael, und Chiara von Gunten. *Chain of a Lifetime: How Blockchain Technology Might Transform Personal Insurance*. Long Finance, 2014.
http://www.longfinance.net/images/Chain_Of_A_Lifetime_December2014.pdf

Maxim, Jeffrey. „UBS Bank Is Experimenting with 'Smart-Bonds' Using the Bitcoin Blockchain". *Bitcoin Magazine*, 12. Juni 2015. https://bitcoinmagazine.com/articles/ubs-bank-experimenting-smart-bonds-using-bitcoin-blockchain-1434140571

McConaghy, Trent, Dimitri De Jonghe, und Rodolphe Marques. „BigchainDB: A Scalable Blockchain Database (DRAFT)". Berlin, 2016. https://www.bigchaindb.com/whitepaper/bigchaindb-whitepaper.pdf

Mok, Kimberley. „How One School is Using Bitcoin Blockchain to Authenticate Degrees". *The New Stack*, 2015. http://thenewstack.io/one-school-using-bitcoin-blockchain-authenticate-degrees/

Nakamoto, Satoshi. „Bitcoin: A Peer-to-Peer Electronic Cash System", 2008. https://bitcoin.org/bitcoin.pdf

National Taxpayers Union. „Milton Friedman Full Interview on Anti-Trust and Tech", 1999. https://www.youtube.com/watch?v=mlwxdyLnMXM

Nichol, Peter. „Blockchain Technology: The Solution for Healthcare Interoperability", 2015. https://www.linkedin.com/pulse/blockchain-technology-solution-healthcare-peter-b-nichol

o.V. „Blockchains - The great chain of being sure about things". *The Economist*, 31. Oktober 2015. http://www.economist.com/news/briefing/21677228-technology-behind-bitcoin-lets-people-who-do-not-know-or-trust-each-other-build-dependable

———. „Elections in Ukraine May Run on Ethereum's Blockchain". *ForkLog*, 2016. http://forklog.net/elections-in-ukraine-may-run-on-ethereums-blockchain/

———. „The Ethereum browser Mist gives blockchain a face". *Alternative Coin*, 2015. http://www.alternativecoin.com/the-ethereum-browser-mist-gives-blockchain-a-face/

———. „Tunisia To Replace eDinar With Blockchain-Based Currency". *EconoTimes*, 2016. http://www.econotimes.com/Tunisia-To-Replace-eDinar-With-Blockchain-Based-Currency-140836

Perez, Yessi Bello. „Goldman Sachs: Blockchain is Ready For Centre Stage". *CoinDesk*, 2015. http://www.coindesk.com/goldman-sachs-report/

Poelstra, Andrew. „On Stake and Consensus", 22. März 2015. https://download.wpsoftware.net/bitcoin/pos.pdf

Polleit, Thorsten. „How the Blockchain and Gold Can Work Together". *Mises Daily*, 2016. https://mises.org/library/how-blockchain-and-gold-can-work-together

Prisco, Giulio. „Slock.it to Introduce Smart Locks Linked to Smart Ethereum Contracts, Decentralize the Sharing Economy". *Bitcoin Magazine*, 5. November 2015. https://bitcoinmagazine.com/articles/slock-it-to-introduce-smart-locks-linked-to-smart-ethereum-contracts-decentralize-the-sharing-economy-1446746719

Rath, Martin. „‚Smart Contracts' und das Blockchain-Prinzip. Das Ende der Juristen?" *Legal Tribune Online*, 30. August 2015. http://www.lto.de/recht/feuilleton/f/smart-contract-privatrecht-auto-vertrag-juristen-ersetzbar/

Rizzo, Pete. „Blockchain Land Title Project ‚Stalls' in Honduras". *CoinDesk*, 2015. http://www.coindesk.com/debate-factom-land-title-honduras/

Roßbach, Peter. „Blockchain-Technologien und ihre Implikationen. Teil 1: Was verbirgt sich hinter der Blockchain-Technologie?" *Frankfurt School Blog*, 2016. http://blog.frankfurt-school.de/wp-content/uploads/2016/01/Blockchain_FSBlog_part1.pdf

————. „Blockchain-Technologien und ihre Implikationen. Teil 2: Anwendungsbereiche der Blockchain-Technologie". *Frankfurt School Blog*, 2016. http://blog.frankfurt-school.de/wp-content/uploads/2016/02/Blockchain_FSBlog_part2.pdf

Schwartz, David, Dave Cohen, und Arthur Britto. „Reaching Consensus in Ripple". *Ripple*, 2015. https://ripple.com/knowledge_center/reaching-consensus-in-ripple/

————. „The Ripple Ledger Consensus Process". *Ripple*, 2015. https://ripple.com/knowledge_center/the-ripple-ledger-consensus-process/

Schwartz, David, Noah Youngs, und Arthur Britto. „The Ripple Protocol Consensus Algorithm", 2014. https://ripple.com/consensus-whitepaper/

Schwill, Andreas. „Elektronisches Bezahlen II - digitales Bargeld". *Universität Potsdam*, 1999. http://ddi.cs.uni-potsdam.de/Lehre/e-commerce/BezahlenII/digitales_bargeld.html

Snow, Paul, Brian Deery, Peter Kirby, und David Johnston. „Factom Ledger by Consensus", 2015. http://bravenewcoin.com/assets/Whitepapers/FactomLedgerbyConsensus.pdf

Soto, Hernando de, und Francis Cheneval. *Realizing Property Rights*. Swiss Human Rights Book 1. Zürich: Rüffer & Rub, 2006

Swan, Melanie. *Blockchain: Blueprint for a New Economy*. 1. Aufl. Beijing: O'Reilly, 2015

————. „Cryptocitizen: Smart Contracts, Pluralistic Morality, and Blockchain Society". 2015. http://de.slideshare.net/lablogga/cryptocitizen-smart-contracts-pluralistic-morality-and-blockchain-society

Swanson, Tim. *Consensus-as-a-service: a brief report on the emergence of permissioned, distributed ledger systems*, 2015. http://de.scribd.com/doc/261055188/Consensus-as-a-service-a-brief-report-on-the-emergence-of-permissioned-distributed-ledger-systems

Szabo, Nick. „Smart Contracts", 1994. http://szabo.best.vwh.net/smart.contracts.html

————. „Smart Contracts: Building Blocks for Digital Markets", 1996. http://szabo.best.vwh.net/smart_contracts_2.html

Tyra, Jason M. „Triple Entry Bookkeeping With Bitcoin". *Bitcoin Magazine*, 2014. https://bitcoinmagazine.com/articles/triple-entry-bookkeeping-bitcoin-1392069656

Warner, Jeremy. „The fintech revolution that promises to finish off the big bad banks for good". *The Telegraph*, 2016. http://www.telegraph.co.uk/finance/economics/12123482/The-fintech-revolution-that-promises-to-finish-off-the-big-bad-banks-for-good.html

Wince, Sean. „'Not-So-Decentralized' Ripple Freezes $1m in User Funds". *Blockchain Agenda*, 2015. http://insidebitcoins.com/news/not-so-decentralized-ripple-freezes-1m-in-user-funds/31862

Wood, Gavin. „Ethereum: A Secure Decentralised Generalised Transaction Ledger", 2014. http://gavwood.com/Paper.pdf

Wright, Aaron, und Primavera de Filippi. „Decentralized Blockchain Technology and the Rise of Lex Cryptographia", 3. Oktober 2015. http://ssrn.com/abstract=2580664